antropología

traducción de

STELLA MASTRANGELO

EL MITO DEL CANIBALISMO

antropología y antropofagia

por

W. ARENS

siglo veintiuno editores, sa
CERRO DEL AGUA 248, MEXICO 20, D.F

siglo veintiuno de españa editores, sa
C/PLAZA 5, MADRID 33, ESPAÑA

siglo veintiuno argentina editores, sa

siglo veintiuno de colombia, ltda
AV. 3a. 17-73 PRIMER PISO, BOGOTA, D.E. COLOMBIA

portada de anhelo hernández

primera edición en español, 1981

ISBN 968-23-1085-7

primera edición en inglés, 1979

título original: the man-eating myth. anthropology
& anthropophagy

ÍNDICE

PREFACIO

Mi interés por los devoradores de hombres se despertó en forma bastante inocente. Un alumno de un curso introductorio que yo dictaba preguntó a mitad del semestre por qué yo estaba siempre disertando sobre parentesco, política y economía en lugar de temas más interesantes como la brujería, las experiencias de trabajo de campo y el canibalismo. Ese comentario mereció mi simpatía, puesto que yo recordaba que ésos eran precisamente los temas que me habían atraído a mi primer curso de antropología como estudiante. Si no recuerdo mal, mi profesor tampoco prestaba mucha atención a tales asuntos. Aun cuando yo seguí dedicándome a la antropología, esos intereses iniciales se desvanecieron a medida que dedicaba más atención a lo esotérico que a lo exótico. Esa tendencia era bastante natural en un académico profesional, pero yo no veía por qué los estudiantes de primer año de la universidad tenían que sufrir por ello. En consecuencia, al preparar una conferencia me volví hacia el estudio de los comedores de hombres, que eventualmente se transformó en este estudio del mito del canibalismo. Menciono esto para aclarar a los lectores que, al igual que ellos, cuando empecé a pensar en el tema yo tenía ya la impresión de que el canibalismo, en el pasado y en el presente, era un fenómeno bastante corriente. El ensayo que sigue es el resultado de un proceso de conversión.

Igual que muchas otras experiencias significativas en la vida, la tarea me resultó anticipadamente agradable y después digna de haber sido hecha. Sin embargo, la etapa intermedia fue algo completamente distinto. Entre otras cosas, aprendí por qué los escritores piensan que la pluma es más poderosa que la espada. Con frecuencia es más pesada, y a veces casi imposible de manejar con alguna gracia. También adquirí la deprimente conciencia de que cuando no se trata algún tema seguro en su estrechez, como por ejemplo la etnicidad en la Tanzania rural contemporánea, sobre el cual por obvias razones el autor puede llegar a ser inmediatamente una de las máximas autoridades, hay dificultades cualitativas y cuantitativas casi imposibles de superar. Por esta razón, escribir ha sido paradójicamente una ocupación solitaria que requería la ayuda de muchos otros. Por ejemplo, recuerdo haber hablado con una orientalista que me remitió a fuentes que mencionaban que en China se creía que los coreanos eran caníbales, mientras que en Corea prevalecía la creencia opuesta. Cuando me referí a lo difícil que resultaba en ese momento estar al tanto de todo y de todos, ella me informó que en el Oriente estábamos en el feliz Año del Gato.

Los auspicios eran consoladores, pero con frecuencia tuve que dirigirme a otros en busca de diferentes servicios de apoyo. Algunos me proporcionaron consejos y ayuda práctica, otros expresaron fe, y finalmente hubo algunos cuya sola presencia era inspiradora. Este libro no podría haber sido terminado sin todos ellos, que incluyen a Diana Antos Arens, Geoffrey W. Arens, John W. Burton, Nancy Fairley, D. Carleton Gajdusek, Paula Brown Glick, Michael Gramly, Ronald Greene, David Hicks, Ivan Karp, Charles Malemud, Rodney Needham, Stanley Regelson, Lawrence J. Taylor, Robert J. Tilley, Mari Walker, John Williams, Roy Willis y Kathy Yunger. Dejo a ellos su clasificación. Todos fueron alentadores, aunque no siempre unánimes, de modo que algo más que el formalismo académico me impone aceptar la responsabilidad por cualquier error de hecho o de interpretación. Por otra parte, están los colegas anónimos que me proporcionaron un refuerzo negativo al aconsejarme no destacarme demasiado o dedicarme a estudios más serios. Su actitud estimuló aún más mi curiosidad, especialmente en el área de la inversión antropológica en la idea del canibalismo.

Debido a la naturaleza del tema y al tono crítico de buena parte de lo que sigue, me resulta difícil dedicar este libro a una única persona. En general, espero que de alguna manera tendrá significación para una generación más joven, incluyendo a los que se convertirán en antropólogos, quienes no tendrán necesidad de un mundo en que se supone que viven monstruos devoradores de hombres.

W. A.

Stony Brook, N. Y.
Agosto de 1978

Ninguna disciplina puede tener esperanza de controlar los usos populares de su obra. Pero de vez en cuando sus supuestos necesitan ser revisados, no tanto por el público general, que siempre hará lo que le plazca, sino por la disciplina misma.

MARY DOUGLAS

Tanto los europeos como los árabes parecen tener un interés morboso por el canibalismo y tienden a aceptar casi cualquier historia que se les cuente acerca de él.

E. E. EVANS-PRITCHARD

1. LA ÍNDOLE DE LA ANTROPOLOGÍA Y LA ANTROPOFAGIA

En un arranque de optimismo típico de la época, los escasos intelectuales desperdigados del siglo XIX que se interesaban por las culturas humanas bautizaron su naciente disciplina como *antropología,* el estudio del hombre. Esa definición puede parecer hoy demasiado grandiosa, pero correspondía a los grandiosos intereses de esos primeros estudiosos, quienes se propusieron crear una nueva perspectiva intelectual que investigara la condición humana universal. Los grandes problemas estaban claramente en el orden del día, de manera que una reconstrucción sistemática de la historia de la humanidad y el descubrimiento de las bases del pensamiento y la acción humanos fueron considerados razonables objetos de preocupación. Según lo ha expresado un distinguido antropólogo contemporáneo, había en la época un "ansia de generalidad" (Needham 1972: 219) que ignoraba la modestia.

Esta ambiciosa vocación nueva atrajo a un grupo internacional conocedor de los clásicos, la historia, la filosofía y la jurisprudencia comparada, que posteriormente se convirtió en los ancestros de la moderna antropología social. Su producción, en forma de monumentales obras en muchos volúmenes, fue hercúlea para las normas académicas actuales. Esas proezas, destinadas a la ilustración de sus colegas y el público educado, subsisten como un fascinante testimonio de un pasado no muy remoto. Sin embargo, pese a su sentido de compromiso y a su capacidad intelectual, la tarea demostró escapar a los límites de su competencia. Estériles disputas, antes que conclusiones aceptables sobre el origen de las instituciones y la naturaleza del pensamiento, fueron el resultado de más de cincuenta años de trabajo de algunas de las mentes más brillantes de la época.

Aun cuando ninguno de los otrora apremiantes problemas fue resuelto satisfactoriamente, los descendientes de esa tradición en el siglo XX, si bien conservaron el nombre y la definición originales de la disciplina, restringieron radicalmente su perímetro con el fin de concentrar la atención en problemas más estrechamente definidos. Hay una serie de explicaciones para ese retroceso, además de la comprensión de que los pioneros padecían de las ilusiones de grandiosidad intelectual que con frecuencia acompañan a la falta de apreciación de los problemas relacionados con una empresa no intentada anteriormente. La aparente falta de datos dignos de confianza de aquellos teóricos de gabinete indicaba la necesidad de experiencias de primera mano con otras culturas.

En lugar de ofrecer soluciones fáciles, un período de trabajo de campo efectivo como método de recolección de datos demostró claramente la naturaleza del problema. Adquirir una comprensión sistemática de la racionalidad subyacente al pensamiento y la conducta de un grupo de gentes exóticas no resultaba fácil; y la incapacidad de resolver modestos problemas que los pensadores anteriores ni siquiera habían reconocido como problemas señaló el fin de la era de las teorías grandiosas por algún tiempo. En cambio, cada antropólogo se convirtió en el intérprete de un grupo humano particular, en alguna isla lejana o remota aldea del interior. El público puede ocasionalmente pedir todavía algún comentario profundo sobre la experiencia humana, pero otros profesionales se niegan a prestar oídos a cualquier pronunciamiento de ese tipo, en general señalando que tal situación no existe entre "su" pueblo. La profesionalización académica supone que la comunicación significativa sólo puede tener lugar entre colegas. Para citar nuevamente a Needham: "Los debates todavía pueden provocar cierto clamor, pero los problemas suelen aparecer indignos de más atención general que las telarañas de que se burlaba Kant" (1973: 785). Los problemas que ahora suscitan mayor interés son los creados por nosotros mismos, a medida que los devotos discuten la interpretación correcta del color en un único ritual o de un término en un sistema de parentesco particular. Así en un sentido muy real la disciplina se alimenta de sus propias inexactitudes e incapacidad de producir la más simple generalización satisfactoria. En menos de cien años la antropología abandonó las preocupaciones comunes y de interés general por temas que actualmente a menudo sólo tienen interés para unos pocos especialistas con inclinaciones esotéricas comunes. Considerando la naturaleza compleja de la mente humana y sus productos culturales, probablemente no cabía, razonablemente, esperar otro desenlace. Esto no niega el hecho de que buena parte del optimismo y el entusiasmo de una época anterior han sido reemplazados por un contemporáneo sentimiento de futilidad y abierto cinismo por parte de muchos antropólogos.

Esta actitud mental era inevitable porque una característica de la especialización menuda es la tendencia a reemplazar la especulación y la reflexión por el cálculo y la manipulación mecánica. En consecuencia, en comparación con otras ciencias sociales, la antropología también ha sido negligente en cuanto a estimular una actitud reflexiva hacia la disciplina misma. Salvo por el "pensamiento" de problemas tradicionales por parte de académicos ancianos y la crítica de la cómoda relación entre una anterior orientación teórica y la ideología política prevaleciente en el momento, los antropólogos se han contentado con permitir que las nociones más duraderas quedaran sin examinar. Sin embargo, volver a analizar y contemplar retrospectivamente no siempre son lo mismo que reflexión y dudas con respecto a uno mismo. La creencia en que los antropólogos poseen una visión imparcial de la naturaleza humana, basada en una experiencia personal con otra cultura y el conocimiento literario de muchas otras, indudablemente tiene mucho que ver con esa seguridad de sí misma. Se considera que eliminar el etnocentrismo y sustituir esa orientación subjetiva por el análisis objetivo es la meta primordial de la investigación antropológica. Sin embargo, ¿está siempre justificada esta suposición acerca de la naturaleza subyacente de la disciplina? El historial académico indica que pese a las afirmaciones contrarias, los académicos de todos los campos han funcionado ocasionalmente como poco más que eruditos proveedores de atractivos mitos pedestres. En el caso de la antropología es imposible contemplar las teorías del siglo XIX, basadas en las nociones de progreso humano y superioridad cultural occidental sin llegar a esa conclusión.

Pocos son los que sostendrían hoy que la antropología social ha surgido en nuestro tiempo como una ciencia natural. Además de ser una forma de arte y disciplina académica, la antropología infunde en quienes la practican una visión peculiar del universo social. También es posible considerar la antropología como una visión del mundo secular que entreteje hechos demostrados con supuestos no declarados sobre la naturaleza humana. Como tal, contiene mucho de fundamental para nuestra propia experiencia histórica y cultural. Demuestra esto la dificultad que con frecuencia tienen estudiantes universitarios no occidentales al enfrentarse a la antropología y otras ciencias sociales, aunque puedan destacar en las ciencias "sólidas". El problema no son las técnicas simples y los hechos acumulados; lo que los sume en la perplejidad es más probablemente una apreciación del motivo que impulsa a emprender el ejercicio.

Hay que reconocer que el considerar si efectivamente hay gente que coma carne humana y examinar los comentarios sobre este fenómeno no proporcionará por sí solo una respuesta completamente satisfactoria a algunas de las preguntas planteadas aquí. Por otro lado, la antropofagia es uno de los "hechos" indiscutibles de la antropología que cada sucesiva teoría de la naturaleza humana ha intentado interpretar de nuevo. En consecuencia, la revisión de ese material invita a una confrontación con algunos supuestos antropológicos básicos acerca de la naturaleza humana que han logrado congraciarse con la disciplina.

Las referencias al canibalismo son tan omnipresentes en la literatura sobre otras culturas que algunos escritores populares (cf. Hogg 1973 y Sagan 1974) han insinuado la existencia de una conspiración de los antropólogos profesionales para ocultar la totalidad de los hechos y explicaciones científicas de tal conducta "incivilizada" al público general. Incluso recientemente un antropólogo profesional ha lanzado una acusación similar en forma tanto erudita como popular contra sus colegas (cf. Harner 1977a y 1977b), sosteniendo que, como resultado de un sentido erróneo de la moralidad académica, los estudiosos de la historia mesoamericana han "encubierto" la evidencia acerca de la verdadera magnitud de los sacrificios humanos y el canibalismo entre los aztecas antes del contacto con europeos. Es tan agradable pensar en el canibalismo que el apetito intelectual no se satisface fácilmente, pese a la cantidad de información fácilmente accesible. Cualquier enciclopedia contiene un comentario sobre el tema por un estudioso reconocido, y casi todos los antropólogos consideran un deber sagrado registrar que el pueblo que estudian y en medio del cual viven fue en el pasado o todavía recientemente comedor de hombres.

A la vista de los comentarios precedentes, este ensayo tiene un doble propósito: primero, evaluar críticamente las instancias de canibalismo y su documentación, y segundo, mediante el examen de ese material y las explicaciones teóricas propuestas, llegar a alguna comprensión más amplia de la naturaleza y la función de la antropología en los últimos cien años. En otras palabras, la cuestión de si los hombres se comen entre sí o no resulta interesante pero dudosa. Pero si la idea de que lo hacen es aceptada comúnmente sin documentación adecuada, entonces la razón de este estado de cosas es un problema aún más intrigante.

Es preciso advertir al lector sobre las tendencias o por lo menos orientaciones subyacentes a este libro. Primero, como resultado de la investigación directa, conversaciones con colegas y algo de reflexión, dudo de la existencia efectiva de ese acto como práctica aceptada en cualquier tiempo o lugar. El recurso al canibalismo en condiciones de supervivencia o como un caso raro de comportamiento antisocial no se niega para ninguna cultura. Pero siempre que ocurre es considerado un acto deplorable antes que una costumbre. Esta posición por supuesto se opone a la sabiduría convencional y a numerosos informes; pero del intento de confirmar lo aceptable y obvio no resultaría nada genuinamente interesante. En cambio al demostrar que supuestos generalmente aceptados son falsos o por lo menos discutibles se alcanza una apreciación más profunda del mundo en que vivimos. En las palabras de Montaigne, que se interesó por el canibalismo, "debemos juzgar por el ojo de la razón y no por afirmaciones comunes" (Montaigne 1952: 91). Su consejo sería aún más estimulante si no hubiera llegado a la conclusión de que los caníbales abundaban en otras partes del mundo, pero se les podía excusar porque eran salvajes.

El segundo supuesto guía de este estudio es la creencia de que al examinar un problema es igualmente importante demostrar cómo una idea particular, verdadera o falsa, ha llegado a ser parte de la sabiduría convencional. En este sentido, propongo que la antropología no ha mantenido las pautas habituales de rigor documental e intelectual que se esperan cuando son otros los temas considerados. En cambio, ha preferido apoyar en forma acrítica las representaciones colectivas y los prejuicios apenas disfrazados de la cultura occidental acerca de otras. En realidad, me resulta difícil comprender cómo han podido durar décadas enconados debates acerca de si un sistema particular de matrimonio existe o no, mientras simplemente se da por sentado que los hombres se han comido y continúan comiéndose entre sí. Si una de las tareas primordiales de la antropología es descubrir lo que es esencial o común a la humanidad, entonces el actual estado de cosas es asombroso.

Pero empecemos por el principio. "Estos pastores escitas ocupan luego el territorio hacia el este, por tres días de viaje... Más allá de esta región el país está desierto por una gran distancia; y más allá del desierto viven los Andrófagos... Los

Andrófagos tienen las costumbres más salvajes de todos los hombres; no hacen caso de la justicia ni hacen uso de ninguna ley establecida. Son nómadas, y visten un traje similar al de los escitas; *hablan* [subrayado del autor] un lenguaje peculiar; y de estas naciones, son el único pueblo que come carne humana" (Herodoto 1879: 243; 272-273).

Por difícil que pueda resultar esbozar sistemáticamente el desarrollo de la antropología, la tarea de señalar con exactitud el origen de la noción de canibalismo es verdaderamente imposible. Igual que la enemistad, la idea de que otros situados lejos a cierta distancia comen carne humana no conoce principio y probablemente tampoco conocerá fin. Sin embargo, debe observarse que Herodoto, a quien con frecuencia se considera el primer estudioso de otras culturas, se sintió obligado a informar a sus lectores en el siglo v a.c. de que cierto pueblo desconocido, mucho más allá de la luz de la civilización, recurría a esa bárbara costumbre. Así, y quizás no por coincidencia, la antropología y la noción de antropofagia hicieron su aparición literaria al mismo tiempo en la cuna de la civilización occidental.

Mi propia introducción personal a este tema puede relatarse con mayor precisión. Poco después que inicié mi trabajo de campo en una comunidad rural de Tanzania en 1968, un residente que se había tomado muchas molestias para ganarse mi amistad me llevaba de paseo por los alrededores. En algún sitio próximo a su casa un vecino nos gritó algo en swahili. En esa época yo apenas tenía un conocimiento superficial de la lengua y pedí una traducción, puesto que aun para un recién llegado era evidente que se había tratado de algo más que saludos. Mi guía estaba visiblemente incómodo, y me dijo que no era nada de importancia; pero después de un persistente interrogatorio de mi parte admitió que su vecino quería saber por qué andaba caminando con un *mchinja-chinja*. La obvia pregunta siguiente reveló que la mejor traducción de la frase sería "chupasangre". Como muchos otros que han hecho trabajo de campo en África, aprendí pronto que la mayoría de los habitantes sospechaban o estaban convencidos de que yo consumía sangre humana. Otro antropólogo informa sobre un africano al que conocía, quien al ser convocado a la casa del comisionado de distrito, inglés, estaba seguro de que estaba destinado a servir de plato principal a los invitados. Como tenía consigo su cuchillo, estaba dispuesto a vender caro su cuerpo (Fallers 1969: 83). Finalmente, Middleton (1970) registra

Mapa incluido en una edición del siglo XIX de Herodoto que localiza a los Andrófagos de acuerdo con el texto original, en los límites de la civilización conocida en el siglo V a.C. (centro, arriba).

que los Lubgara de Uganda, con los cuales trabajaba, tuvieron que redefinirlo como uno de esos raros europeos que no comen bebés africanos. En mi propio caso, con gran optimismo y, ahora lo comprendo, bastante ingenuidad, yo esperaba que la confusión se disiparía gradualmente a medida que los habitantes de la aldea llegaran a considerarme una persona similar a ellos y luego a comprender mi propósito más mundano en su comunidad.

Algún tiempo después, de informantes más confiados, recogí extrañas historias sobre los chupasangre. Los relatos describían vívidamente cómo dejaban a la víctima inconsciente y luego la colgaban con la cabeza hacia abajo para que la sangre de la yugular cortada cayera en una cubeta. Ese líquido era luego transportado por un vehículo de bomberos a un hospital urbano donde lo convertían en cápsulas rojas. Tales píldoras eran tomadas regularmente por los europeos que, según se me informó, las necesitaban para sobrevivir en África. Debo admitir que eran exactamente historias de este tipo sobre africanos lo que yo esperaba recoger, pero me sentí desconcertado al encontrarme como personaje central de semejante drama. En aquel momento no aprecié el simbolismo político del relato, que presentaba a los colonizadores europeos como consumidores de la vitalidad africana, y paternalmente concluí que los africanos tenían derecho a su ignorancia. Para mi desaliento muchos aún se aferraban a la sospecha un año y medio después de mi partida. Además, me perturbaba la tenacidad de su creencia en esa variación corriente sobre el tema del canibalismo sin el menor rastro de evidencia concreta. Era cierto que los británicos habían intentado sin éxito montar en su antigua colonia, durante la segunda guerra mundial, un banco de sangre para las tropas africanas que luchaban en ultramar, y ciertamente había un carro de bomberos estacionado no lejos de allí junto a una pequeña pista de aterrizaje, aunque aparentemente nunca había habido un incendio. Para algunos africanos, esto aparentemente constituía suficiente evidencia circunstancial para creer en una conspiración europea para beber sangre africana. Al reflexionar sobre ellos, las creencias similares sobre los africanos de nuestra parte ya no parecían tan razonables. La reseña (Harrel-Bond 1975) de una reciente adición a la literatura sobre el canibalismo africano, que incluía la mención de que en la Rusia contemporánea una mujer había sido acusada de canibalismo por ser bautista, volvió a encender el interés por el problema.

Pronto comprendí que el epíteto de caníbal ha sido aplicado en algún momento por alguien a todos los grupos humanos. Una lista al azar de los antropófagos más espectaculares tomada de los libros de texto incluía a los "Congo" de África, que engordaban a sus prisioneros de guerra hasta el punto deseado antes de servirlos; los jefes de las Fiji que cenaban regularmente carne humana; los habitantes de Nueva Guinea, cuyo cargamento humano era gradualmente consumido durante largos viajes fluviales; los aztecas, que participaban en orgías canibalísticas rituales masivas; y los Tupinambá de Sudamérica, cuyas artes culinarias incluían elaboradas reglas de etiqueta en la distribución de las partes humanas. Considerando que uno de los intentos fundamentales de tales libros es captar la atención de los estudiantes, lo que con frecuencia se relaciona con las ventas, no sorprende lo exagerado y colorido de la prosa. Investigaciones posteriores demostraron también que había cierta base para tales afirmaciones en publicaciones existentes, en la mayoría de los casos de un período anterior. Es conveniente, por lo tanto, hallar una vez más la pista de los caníbales.

Basándose en la autoridad de San Jerónimo, Gibbon (1900) informa que los escoceses y pictos de la Inglaterra precristiana se deleitaban antiguamente en "el sabor de la carne humana", de manera que atacaban antes al pastor que a su rebaño "para sus horrendos banquetes". El progreso subsiguiente de los escoceses, sin embargo, llevaba a Gibbon a concluir con optimismo con "la grata esperanza de que Nueva Zelanda pueda producir, en alguna época futura, al Hume del hemisferio sur" (508-509). En un marco mental similar, Marx y Engels a mediados del siglo XIX citan al antiguo geógrafo Estrabón, quien escribió acerca de los irlandeses: "Sobre esta isla no tengo nada seguro que decir, excepto que sus habitantes son más salvajes que los britanos, puesto que son antropófagos... y puesto que consideran honorable, cuando sus padres mueren, devorarlos" (1971: 198). También menciona el hecho de que los irlandeses no reconocían el tabú del incesto. Tales relaciones son todavía aceptables, pues establecen la ecuación familiar entre la presunta cultura de nuestros antepasados hace dos mil años y la de no occidentales del siglo XX, que eran caníbales y sexualmente indiscriminantes hasta hace poco. La cita anterior es reproducida con tanta frecuencia en esa forma abreviada que la frase final de la fuente original llega como una sorpresa: "...pero digo esto sólo con el reconocimiento de que no tengo ningún testigo digno de confianza de ello" (Estrabón 1939: 261). Además de sugerir que el autor tenía normas de información etnográfica más elevadas que las de muchos de sus actuales imitadores, el uso de la cláusula trunca por otros ejemplifica cómo la visión que tenemos de nuestro propio pasado cultural es forzada para que coincida con nuestra imagen contemporánea del mundo no occidental. La sugerencia de Montagu (1968: 6) de que tal analogía está "patéticamente calculada para levantar el ego vacilante" es apropiada.

Aunque las fallas de tal línea de razonamiento son evidentes ahora, la teoría social evolucionista del siglo XIX intentaba asignar características sociales y culturales específicas a correspondientes épocas históricas. Se consideraba que ciertas ideas y formas institucionales eran características de épocas primitivas. Usando esa suposición, algunos teóricos esperaban reconstruir el desarrollo social estudiando y categorizando los rasgos de sociedades pasadas y presentes. La noción de canibalismo encaja perfectamente en este cuadro. En ese esquema, el hombre prehistórico (como lo evidencian algunos de los huesos que dejó) y algunos de los grupos contemporáneos más primitivos (sobre los cuales se informaba que practicaban el canibalismo en su búsqueda de alimento) estaban empantanados en la etapa temprana. En un período subsiguiente caracterizado por las más complejas civilizaciones no occidentales, la carne humana sólo se utilizaba en rituales religiosos. En los anales culturales occidentales, como en la época reflejada en el Antiguo Testamento, los seres humanos fueron sustituidos por animales. Finalmente, en la última etapa, cuyo ejemplo más espectacular sería nuestra situación actual, el acto concreto de la antropofagia ha sido sustituido por un sacrificio simbólico y el consumo de una esencia espiritual. En este esbozo histórico, cada etapa refleja una capacidad intelectual más simbólica y abstracta que la de su predecesora. Un pionero antropólogo norteamericano que apoyaba esa fórmula evolucionista ilustró sucinta y gráficamente la perspectiva en un mapa que acompaña a su estudio *The Blood Sacrifice Complex* (Loeb 1927). Los sitios de canibalismo y sacrificio humano en Europa están todos fechados en los eones prehistóricos y los del mundo no europeo en el presente o un pasado reciente. Sin embargo, tal correlación no es una analogía histórica válida sino que simplemente compara un pasado ficcionalizado con un presente dudoso. Como lo demostrará esta investigación, el diseñado por Loeb puede ser un buen mapa de la imaginación del siglo

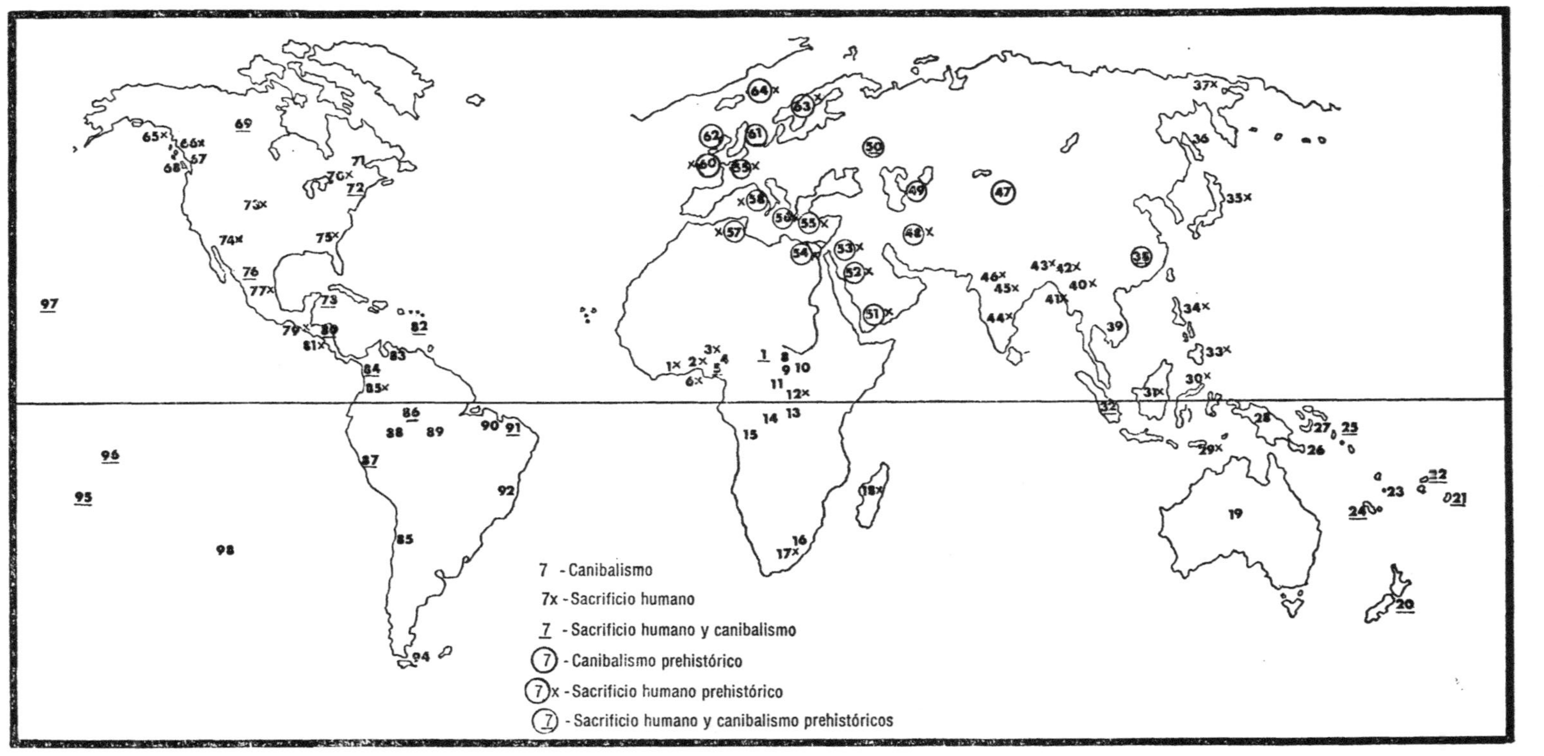

Ilustración de *The Blood Sacrifice Complex* de Loeb, que correlaciona los presuntos sitios caníbales prehistóricos europeos con áreas antropófagas del mundo no occidental a comienzos del siglo XX.

XX pero deja algo que desear como registro histórico objetivo. Un encuentro con la literatura profesional más contemporánea resulta en discusiones más circunscritas, a medida que las delicadas telarañas son debidamente hiladas. La preocupación más reciente es el debate ecológico, que incluye la cuenta de calorías del potencial valor nutritivo de la carne humana. Como era predecible, no hay mayor unanimidad puesto que algunos (Carn y Block 1970) afirman que la práctica no tiene sentido nutricional, mientras que otros (Dornstreich y Morren 1974) alegan que sí tiene un valor nutritivo digno de tenerse en cuenta. La cita siguiente da idea de la naturaleza objetiva de las publicaciones actuales: "Datos de diferentes sociedades de Nueva Guinea indican que el equilibrio entre diferentes insumos de proteínas varía con cosas tales como la zona ecológica y la estructura de ecosistemas locales que incluyen poblaciones humanas" (Dornstreich y Morren 1974: 10). No está claro qué lado de la discusión pretende apoyar esto, pero evidentemente intenta ser "científico".

En el otro extremo se encuentran los estructuralistas. Este campo muestra escaso interés por las implicaciones concretas del acto debido a su preferencia por una interpretación simbólica que permita incorporar la idea a patrones culturales más amplios. Así el maestro del estructuralismo, Lévi-Strauss (1966), sugiere que hervir es la forma usual de preparar el alimento para consumo doméstico, mientras que asar es más típico para la comida que se servirá a huéspedes. Como extensión de este modelo propone que entre los caníbales el hervido será empleado con mayor frecuencia en la preparación de parientes, siendo el asado el método preferido para los enemigos. Sin embargo, Shankman (1969) opina que esta lógica es defectuosa. Después de examinar sesenta casos de presunto canibalismo, concluye que los esfuerzos de Lévi-Strauss con el hervido y el asado han sido minados por "los nativos que han descubierto un verdadero *smorgasbord* de maneras de preparar carne humana" (1969: 61). Nuevamente, no hay mayor acuerdo, ni siquiera entre quienes comparten una perspectiva teórica común. Los estudiosos medievales encontraban problemas similares, puesto que el recuento exacto del número de ángeles capaces de bailar en la punta de un alfiler nunca es tarea sencilla.

Finalmente, ocupando el terreno teórico del centro se encuentran los siempre presentes clasificadores que tienen como función principal la imposición de orden intelectual por medio de la proposición de categorías para abarcar todas las expresiones posibles de un fenómeno. En el caso del canibalismo esto ha generado una tipología según el estatus del consumido. La taxonomía más generalmente usada incluye: *1*] endocanibalismo, que se refiere a comer a un miembro del propio grupo; *2*] exocanibalismo, que indica el consumo de forasteros; *3*] autocanibalismo, que significa ingerir partes del propio cuerpo, si tal cosa es concebible. En esta instancia final, cuando un individuo se ve obligado a comer parte de su propia carne, el caníbal y su víctima se hacen uno y el mismo.

La situación clasificatoria se complica con tipologías transversales según el motivo del acto. Esto da como resultado el reconocimiento de: *1*] canibalismo gastronómico, cuando se come carne humana por su sabor y valor nutritivo; *2*] canibalismo ritual o mágico, en que se identifica un intento de absorber la esencia espiritual del difunto; y *3*] canibalismo de supervivencia, que indica el recurso a ese comportamiento normalmente prohibido en situaciones de crisis. La combinación de los dos sistemas crea la posibilidad de la memorable frase "endocanibalismo gastronómico" (Dole 1962: 567), que transforma el acto de comer seres humanos en algo casi impronunciable para la boca humana.

De los intereses y necesidades aparentemente dispares de los ecólogos, los estructuralistas y los clasificadores, surge sin embargo una serie de características comunes. Aunque indudablemente hay más coincidencias, sólo tres nos interesan aquí. Primero tenemos la noción básica de que el canibalismo habitual no sólo aún existe sino que otrora estaba mucho más difundido. Segundo, se mixtifica el tema recurriendo a un vocabulario especializado. En el proceso, el lego es excluido de la participación en un discurso reservado ahora a los "científicos" y debe contentarse con recibir instrucción. Tercero, los objetos de toda la energía intelectual son los primitivos (salvo por el canibalismo de supervivencia, que se deja a participantes populares). De cada uno de estos temas nos ocuparemos más adelante, pero el último problema, el de caníbales y primitivos, exige una atención más inmediata.

Para nuestra gran satisfacción, la discusión del canibalismo como costumbre se limita normalmente a tierras lejanas justo antes o durante su "pacificación" por los varios agentes de la civilización occidental. El explorador, el conquistador, el misionero, el comerciante y el colonizador, todos desempeñan su papel en la misión civilizadora. En forma correspondiente, si alargamos el tiempo hacia atrás suficientemente hasta la era precristiana, nos permitimos una vislumbre de este tipo de salvajada entre nuestros propios antepasados. El canibalismo se convierte en un rasgo de lo alejado en el espacio o en el tiempo, que es la misma cosa. Según se interpretan las dimensiones del tiempo y el espacio, "ellos", en la forma de caníbales distantes, son el reflejo de nosotros tal como fuimos una vez.

La credibilidad de esas relaciones publicadas disminuye a medida que empiezan a colindar cultural y temporalmente con nosotros. En consecuencia, la acusación romana de que la naciente secta cristiana utilizaba sangre en misteriosos ritos secretos es descartada por los historiadores como una calumnia de inspiración política. La posibilidad de que los primeros cris-

Grabado alemán del siglo XV que representa el asesinato ritual de Simón de Trento por judíos que quieren su sangre

tianos hayan sido caníbales jamás se considera seriamente. En cambio, se da por sentado que es falsa. En una vena similar, las acusaciones, esta vez de los cristianos, de que los judíos recurrían a esas prácticas son hoy fuente de incomodidad para los pensadores liberales. Esas acusaciones fueron tan numerosas, difundidas y persistentes que en este siglo un estudioso alemán no judío (Strack 1909) que escribió sobre ese fenómeno llegó a titular un capítulo de su libro: "¿Es el uso de sangre cristiana requerido o permitido en algún ritual de la religión judía?" A esto sigue una estimación sobria de la estricta dietética judía, incluyendo la prohibición del uso de sangre animal, que según el autor valdría también para el fluido vital de los cristianos. Hoy esa pregunta está desterrada de nuestra conciencia, y creencias como ésa son interpretadas como deplorables recaídas transitorias en el prejuicio. Como prefacio a su enumeración y comentario de docenas de acusaciones registradas, Strack formula una observación esperanzada: "La larga lista de 'asesinatos rituales' que aterra al ignorante se reducirá mucho en tamaño en el juicio de cualquiera que sopese seriamente todos los hechos presentados aquí" (178).

En contraste con esta actitud crítica, la idea de que africanos, polinesios, neoguineanos, indios americanos son o eran antropófagos hasta el contacto con la benéfica influencia europea se acepta como parte del reino de los hechos demostrados. Recapitulando: creencias de este tipo acerca de representantes de nuestra tradición cultural se descartan sin más como prejuicio y racismo, mientras que nociones similares sobre otros ya definidos como categóricamente diferentes de nosotros son tratados como hechos dignos de ulterior consideración académica. Concretamente, la difundida creencia africana de que los europeos son caníbales o utilizan sangre humana con fines malvados es interpretada como una indicación de la ignorancia africana. Como correlato, el "hecho" del canibalismo africano es considerado resultado de la ignorancia africana de las normas civilizadas.

Esta interpretación recurre a la vez a una norma única y a una doble. La única constante es la ignorancia africana. La norma doble se refiere al descarte *a priori* de las relaciones existentes sobre el canibalismo europeo y la aceptación de cualquier informe para pueblos no europeos. No hay en esto mucha ciencia ni academicismo, pero se necesita una buena dosis de etnocentrismo y cientificismo para llegar a esta posición. ¿De qué otra manera interpretar el hecho de que pese a la antigua y difundida suposición de canibalismo europeo por parte de otros, y la existencia de informes escritos como los mencionados, las Human Relations Area Files, que supuestamente son la suma de todos los rasgos culturales conocidos, no incluyan a ningún grupo europeo bajo el título "Canibalismo"? Por otra parte, hay una gran cantidad de grupos no europeos así clasificados. Ese compendio debe supuestamente servir como repositorio de conocimiento acerca de las culturas, de modo que teóricamente debería mencionar las informaciones referentes a los escoceses, pictos, irlandeses, judíos y cristianos. Como indicación ulterior de la índole del problema, algunos grupos no occidentales están incluidos simplemente porque algunos viajeros han escrito que el pueblo en cuestión *no* es caníbal; sin embargo, para determinar esto sería necesario recurrir a la fuente original. Las normas aplicadas en esta instancia académica también son de interés y discutibles.

Esta conclusión se basa en el hecho de que, aparte de las situaciones de supervivencia, no he logrado descubrir documentación adecuada sobre el canibalismo como costumbre en ninguna forma de ninguna sociedad. Los rumores, las sospechas, los temores y las acusaciones abundan, pero no los informes satisfactorios de primera mano. Son interminables los ensayos eruditos escritos por profesionales, pero falta la etnografía que debería servirles de apoyo. El argumento de que un reexamen crítico es un ejercicio a la vez necesario y conveniente se basa en la premisa de que el canibalismo es por definición un fenómeno observable. A partir de ahí, la evidencia de su existencia debería derivar de la observación por fuentes dignas de confianza. Una vez más vale la pena preguntar por qué debemos simplemente dar por sentado que existe un fenómeno a la vez tan fascinante y repulsivo para nosotros en lugar de documentarlo. Este estudio examina algunas facetas de esta peculiar situación y sugiere que tanto para el lego como para el académico la idea del canibalismo existe antes que la evidencia y por lo tanto independientemente de ella. He organizado el material disponible en apoyo de esta premisa, antes que manipular los datos para generar el tipo de conclusión preestablecida que caracteriza al actual pensamiento sobre este tema.

En las páginas siguientes presento un breve examen de algunas relaciones de primera mano de canibalismo que inicialmente parecerían minar la posición adoptada aquí. Sin embargo, esas relaciones ilustran también cómo evidencia aparentemente concreta resulta ser bastante insatisfactoria e incapaz de resistir a un análisis sin juicios preconcebidos. Hay ejemplos menos creíbles de relatos de canibalismo que se podrían manipular más fácilmente. Reconozco que algunos de éstos se han deslizado en capítulos posteriores con el fin de proporcionar alivio por medio de la comicidad, pero sería inútil empezar por ellos.

El primer ejemplo nos lo ofrece Hans Staden, un sujeto extraordinario que visitó la costa sudamericana a mediados del siglo XVI como marinero común en un buque mercante portugués. A través de una serie de vicisitudes, incluyendo el naufragio, pronto fue capturado por los indios Tupinambá. Como resultado de su mala suerte, los Tupinambá han llegado hasta nosotros como los caníbales por excelencia. No hace falta decir que el héroe no fue comido, y después de un período de cautiverio regresó a su nativa Alemania, donde publicó la historia de sus desdichas, llamada *Hans Staden: la verdadera historia y descripción de un país de salvajes, gentes desnudas y terribles, comedores de carne humana, que viven en el Nuevo Mundo llamado América. Totalmente desconocidos en Hesse tanto antes como después del nacimiento de Cristo hasta hace dos años, cuando Hans Staden de Hamberg en Hesse tuvo conocimiento personal de ellos y ahora presenta su historia impresa.* La narración, con sus detalles explícitos, está acompañada por grabados en madera que exhiben la tendencia caníbal de los indios, que acostumbraban comerse a sus prisioneros. Es fácil identificar a Staden en esas escenas como el que tiene la hoja de higuera y las manos unidas en oración. Otros escritores se han referido con frecuencia a este material en discursos más abstractos sobre el canibalismo, de manera que merece un escrutinio más minucioso.

Según Staden en un capítulo relativo a este tema, un prisionero era mantenido a la vez como invitado y como cautivo por cierto período. Además de comida y alojamiento, se le proporcionaba la compañía de una mujer. Si la mujer quedaba embarazada, el niño era criado como uno de ellos, pero llegado a la edad adulta, "cuando les da la gana, lo matan y se lo comen" (1928: 155). Nuestro héroe pasó entre ellos menos de doce meses, de manera que no podía haber observado todo el proceso, y no tenemos forma de conocer el origen de este aparte informativo. Mientras tanto, se hacen preparativos para el deceso y consumo de la víctima. Se preparan comidas y bebidas, se invita a huéspedes, y el desdichado pasa por una serie de sesiones de "calentamiento" en que "las mujers conducen al prisionero una o dos veces al lugar donde debe morir y danzan a su alrededor (156). El día del gran evento, se le conduce amarrado, al lugar escogido, donde delante de todo el grupo padece las burlas de las mujeres pintadas, que se jactan de que se lo comerán. La víctima sufre ulteriores angustias mentales en sus manos. Encienden un fuego cerca de él, y exhiben la maza que pronto servirá para enviarlo a reunirse con sus antepasados. Finalmente es ejecutado por un guerrero y las "mujeres se apoderan del cuerpo inmediatamente". Después de descuartizarlo, cuatro de ellas, con los correspondientes miembros en su poder, recorren la aldea "dando gritos de alegría" (161). El cuerpo es luego cocinado y devorado con visible deleite, según Staden, quien dice: "Yo estaba presente y vi todo esto con mis propios ojos" (162).

Esta afirmación es seguida inmediatamente por un breve párrafo que curiosamente informa al lector de que "los salvajes no conocen el arte de contar más que hasta cinco" (162). En consecuencia, a menudo tienen que recurrir a los dedos de las manos y de los pies. En los casos en que se trata de alta matemática se llaman manos y pies extra para colaborar en la enumeración. Lo que el autor está tratando de expresar en esta forma simple con este agregado es que los Tupinambá carecen de cultura en el sentido de capacidades intelectuales básicas. Su incapacidad de contar es para él documentación que apoya la idea de que esos salvajes recurrirían al canibalismo. Para Staden y muchos otros, comer carne humana implica una naturaleza animal, que iría acompañada por la ausencia de otras características de los "verdaderos" seres humanos, que tienen el monopolio de la cultura. Diremos algo más sobre esto más adelante; mi preocupación inmediata es por el relato "de testigo presencial" de Hans Staden. Si se considera el material en un contexto más amplio, surgen ciertos problemas.

Es dudoso que Staden, un ordinario marinero del siglo XVI, haya efectivamente escrito el libro él mismo, y los escritores fantasma ya eran conocidos incluso en aquella infancia de la imprenta. El prefacio al original escrito por el doctor Juan Dryander, profesor de medicina en la universidad de Marburgo, sugiere algún tipo de colaboración entre los dos. Los grabados en madera incluidos en el libro fueron preparados por otro especialista. En el mejor de los casos, el producto final fue supervisado por Staden, nueve años después de su regreso a Europa. Por lo tanto no nos hallamos frente a la obra de un solo individuo adiestrado en las técnicas de la etnografía, sino más

Escenas de Hans Staden que representan la índole caníbal de los Tupinambá y las tribulaciones del autor entre ellos.

bien frente a un comité, sólo uno de cuyos miembros había estado en el escenario.

También hay que tener en cuenta las cuestiones del lenguaje y la capacidad de recordar. En cierto momento el narrador menciona tristemente su imposibilidad de comunicar sus dificultades a un francés que visitó el poblado de sus captores. Aparentemente no tenía conocimiento del lenguaje de ese otro europeo. Sin embargo, Staden es capaz de dar los detalles de numerosas conversaciones entre los propios indios, aunque sólo estuvo con ellos durante un lapso relativamente limitado. Se muestra particularmente hábil al relatar palabra por palabra el diálogo de los indios el primer día de su cautiverio, cuando discutían entre ellos cómo, cuándo y dónde se comerían a Staden. Es evidente que en ese momento él no podía entender la lengua de ellos, y reconstruyó la escena tal como la imaginara nueve años antes. También los diálogos posteriores que aparecen en el libro deben haber sido una reconstrucción, pues no hay indicio de que tomara notas y ni siquiera de si sabía escribir. En una escena que da testimonio de la memoria y la piedad de Staden, éste repite el salmo "Desde las profundidades he clamado a ti", y los indios responden: "Mira cómo llora; ahora está realmente triste" (67). Tendríamos que suponer que también los indios tenían una habilidad excepcional para las lenguas pues pudieron entender y responder al alemán de Staden tan rápido. En resumen, había una gran oportunidad para cierto grado de embellecimiento por el autor, así como por sus compañeros en la eventual aventura editorial.

La objeción final es más sutil, y se refiere a la representación de los sexos por Hagen. Según lo indican las citas anteriores, las mujeres tupinambá son las peores culpables en la versión de Staden. Humillan al noble cautivo que enfrenta su destino a manos de otro macho en forma honorable. Además, aunque Staden deja claro que las mujeres cocinan y comen carne humana, no es tan explícito acerca de la participación de los varones. Los grabados que ilustran el acto concreto de comer la carne humana del modo más gráfico, muestran principalmente a mujeres y niños dedicados a comer. Tanto en el texto como en las ilustraciones las mujeres son presentadas como las más salvajes de los salvajes. Esto coincide con los datos que examinaremos después sobre Nueva Guinea, donde las mujares también son presentadas como las principales culpables de canibalismo. Es importante recordar que muy a menudo un antagonismo sexual cultural estereotipado se expresa en referencias a la naturaleza vil del sexo opuesto. Como sabemos hasta el exceso por nuestro conocimiento de sociedades simples y complejas, prejuicios que retratan la desagradable naturaleza de una minoría tienen escasa o ninguna relación con la realidad empírica. En cambio, esas caricaturas funcionan como apoyos ideológicos en un sistema de represión al servicio de la mayoría. En el caso de los Tupinambá, así como en otros sistemas sociales simples, que carecen de otras divisiones internas significativas, esto implica normalmente dominio masculino con sus nociones acompañantes de inferioridad de la mujer, que las mujeres se ganan por su comportamiento inculto inherente asumido. Es interesante señalar de paso que estos mismos Tupinambá fueron una de las principales fuentes de información sobre la legendaria sociedad de las amazonas del Brasil. Informantes nativos fueron aparentemente muy explícitos sobre la existencia y costumbres de esta mítica sociedad violenta formada exclusivamente por mujeres, que recibían a hombres como visitantes solamente con miras a la reproducción. Se decía que los hijos de sexo masculino eran entregados a sus supuestos padres cuando éstos regresaban al año siguiente o, peor aún, que se los mataba inmediatamente (Markham 1964: 117-123). La imaginación tupinambá no se quedaba corta en la invención de una visión bárbara e inculta de la naturaleza femenina.

Sería erróneo afirmar que Staden es el único responsable de nuestro conocimiento del canibalismo de los Tupinambá, o la única fuente de información sobre sus prácticas. Ni siquiera fue el primero, pues la idea de que los indios del Brasil eran antropófagos es anterior a Staden. En realidad la primera representación conocida —si no la primera a secas— de indios americanos, un grabado europeo que data de 1505, muestra a uno de los personajes royendo alegremente un brazo humano mientras otras partes del cuerpo se asan sobre un fuego (Eames 1922). La descripción de un texto agregado posteriormente, de origen desconocido, que acompaña al grabado, contiene otras perlas etnográficas que vale la pena reproducir por entero. Dice:

Esta figura nos representa el pueblo e isla descubiertos por el cristianísimo rey de Portugal o por sus súbditos. Las gentes andan así desnudas, son hermosas, morenas, bien formadas del cuerpo; sus cabezas, cuellos, brazos, partes privadas y los pies de hombres y mujeres están algo cubiertos de plumas. Los hombres también llevan muchas piedras preciosas en sus rostros y pechos. Además nadie posee nada, sino que todas las cosas son en común. Y los hombres toman por esposas a las que les agradan, sean madres, hermanas o amigas, que en esto no hacen distinción. También luchan entre ellos. Además se comen unos a otros, incluso a los asesinados, y cuelgan su carne al humo. Llegan a vivir ciento cincuenta años. Y no tienen gobierno (756).

Todo el párrafo es una mina de asombrosa desinformación, pero hay dos puntos que merecen comentario. Primero, la detallada inscripción se contradice, puesto que afirma que los indios andan desnudos y también que llevan gemas y plumas. Además no corresponde con el dibujo, en que todos aparecen con alguna especie de atavío por debajo de la cintura. Segundo, el comentario hace la conexión habitual entre incesto y canibalismo. El significado de esta ecuación se hará evidente más adelante, de modo que por ahora basta con sugerir que las imágenes de desnudez, relaciones sexuales indiscriminadas y canibalismo están destinadas a comunicar la idea de que los indios son más semejantes a animales que a seres humanos portadores de cultura. El punto principal es que Staden y otros navegantes de la época muy probablemente estaban convencidos de antemano del salvajismo y el canibalismo de los Tupinambá antes de pisar el continente, porque la idea ya era corriente.

¿Y qué decir de los que llegaron después de Staden, cuyas obras escritas también confirman las prácticas de los Tupinambá? La esencia del método científico es la capacidad de otros de verificar los datos en forma independiente, de manera que la existencia de otras descripciones de la misma época debería constituir evidencia concluyente de canibalismo habitual. No sería razonable afirmar así como así que todos ellos describieron mal lo que habían observado; pero sí es posible que hayan tomado un atajo corriente en autores pasados y presentes llamado plagio. Es necesario volver a la relación de Staden para reconstruir los hechos y la argumentación.

En el capítulo sobre la matanza y comida de la víctima, Staden ofrece algo más de diálogo indio, que traduce para sus lectores. Afirma que el indio que está a punto de matar al prisionero le dice: "Yo soy el que te matará, porque tú y los tuyos han matado y comido a muchos de mis amigos." El prisionero replica: "Cuando esté muerto, todavía quedarán muchos para vengar mi muerte" (161). Dejando de lado por el momento la barrera lingüística, y suponiendo que Staden es un buen traductor de esta lengua, la presentación de las verdaderas palabras de los personajes presta al relato cierto aire de autenticidad. Sin embargo, si frases similares empiezan a hacer su aparición en los relatos de otros, que se presentan como testigos presenciales de hechos similares, la credibilidad del proceso de confirmación disminuye. Por ejemplo, Las Casas, en su *Historia de las Indias,*

El más antiguo retrato conocido de los indios del Nuevo Mundo: grabado en madera del siglo XVI que representa el canibalismo y el "amor libre" entre indios sudamericanos.

escrita también en el siglo XVI, reproduce una carta de unos sacerdotes portugueses que conocían a los Tupinambá quienes describen el ritual canibalístico y señalan que la víctima dice a su ejecutor "que también él en sus días mató a sus enemigos, y que quedan sus familiares para vengar su muerte" (1971: 68). En una relación de André Thévet, francés que visitó a los Tupinambá y cuyo folleto fue rápidamente traducido al inglés, nos enteramos de que él también fue testigo de la misma escena, y esa vez la víctima dijo: "Yo he matado y comido a los padres y a los amigos de quien ahora me tiene prisionero"; y añade: "Y los Margaiates no dejarán de vengar mi muerte". (1568: 707). Luego tenemos las reminiscencias literarias de la misma época de otro francés que estuvo en Brasil y también registra casos de canibalismo tupinambá. Nuevamente el cronista es capaz de recordar las palabras del matador, quien en esta ocasión dice: *N'est-tu pas de la nation nommée Margaias, qui nous est ennemie? n'as tu pas toy-mesme tué & mangé de nos parens & amis?* [¿No eres tú de la nación llamada Margaias, que es enemiga nuestra? ¿No has tú mismo matado y comido a nuestros parientes y amigos?] (Léry 1780: 45). Finalmente, para completar la lista, encontramos un observador inglés del mismo hecho en el siglo XVI, quien oyó a un Tupinambá decirle a un portugués recién capturado: *I am he that hath killed many of thy Nation and will kill thee* [Yo soy el que ha matado a muchos de tu nación y te matará a ti] (Knivet 1906: 222).

Debido a la dificultad de establecer las fechas de publicación exactas de las obras antes citadas, no siempre es posible determinar quién está parafraseando a quién. Sin embargo, está suficientemente claro que los autores posteriores se están tomando ciertas libertades con el relato de la escena por Staden sin concederle el crédito debido por haber propuesto esta pequeña escena dramática por primera vez. Los plagios de este tipo, que han sido documentados en otros tiempos y lugares (cf. Jenkins 1968 y Evans-Pritchard 1965), eran bastante corrientes en los relatos de viajeros por tierras extrañas como resultado del deseo de no ser superados por las coloridas crónicas de otros aventureros.

Para rechazar la hipótesis del plagio propuesta aquí habría que aceptar en cambio la proposición de que un desfile de viajeros internacionales pasó por un campamento tupinambá en diferentes días en que los indios estaban por matar a un prisionero de guerra mientras los personajes principales se repetían mutuamente declaraciones similares. Si esto fuera causa insuficiente para dudar de la veracidad de los relatos, habrá que recordar además que estos transeúntes inglés, francés y portugués hubieran tenido que conocer la lengua de los Tupinambá tan bien como el alemán Hans Staden para ser capaces de traducir la conversación entre dos indios. La idea de que una serie de autores han estado copiándose el uno al otro no debe ser aceptada ligeramente al considerar la cuestión de la verificación independiente de la evidencia histórica si existen otras posibles explicaciones más razonables. Sin embargo, en este caso, el peculiar contenido del material publicado, unido a los problemas lingüísticos involucrados, lleva a la conclusión de que el plagio es la explicación más sencilla y más probable de la unanimidad de los cronistas.

Para el caso de los Tupinambá, esto significa que, lejos de

hallarnos frente a un caso de documentación seriada del canibalismo, probablemente nos enfrentamos a una sola fuente de testimonio dudoso que ha sido incorporado casi literalmente en los informes escritos de otros autodenominados testigos presenciales. Así, antes que el procedimiento científico de verificación independiente, tenemos en cambio un caso de su antítesis académica utilizada para construir el caso de una supuestamente bien establecida instancia de canibalismo en una cultura india sudamericana tradicional.

Finalmente, cabe señalar que esos famosos caníbales que supuestamente hacían desaparecer a los demás en sus ollas, han desaparecido ellos mismos en cambio. Como resultado de su contacto con los europeos y del tratamiento recibido de ellos, que con tanta rapidez los declararon caníbales, los Tupinambá no lograron sobrevivir al siglo XVI. Por consiguiente, no existe información moderna sobre la cultura tradicional de ese grupo. Aun cuando pueden subsistir legítimas reservas sobre quién se comía a quién, no cabe duda alguna sobre quién exterminó a quién.

El siguiente relato de testigo presencial de actos de canibalismo al otro lado del mundo procede de las experiencias vividas en el siglo XIX por Ta'unga, otro extraordinario viajero. Polinesio nativo de la isla de Rarotonga, Ta'unga fue convertido al cristianismo y posteriormente se volvió evangelizador al servicio de la London Mission Society, que tenía un destacamento avanzado en su isla. Recientemente se ha hecho accesible una colección de informes escritos por él para sus supervisores sobre sus experiencias en las islas más alejadas, escritos originalmente en su lengua natal. Sus relatos, basados en sus experiencias como hombre de avanzada para misioneros europeos en el Pacífico, son verdaderamente escalofriantes y sugieren una forma extrema del canibalismo, en contraste con la situación relativamente tranquila prevaleciente entre los Tupinambá.

Si estamos dispuestos a creerle, el canibalismo era cosa cotidiana en las islas de Nueva Caledonia. Antes que un evento ritual especial, como en el caso anterior, el consumo de carne humana era un resultado material del deseo de comer carne. Por esa razón, escribe Ta'unga, "los habitantes nunca dejan de combatir, día y noche, mes tras mes" (Crocombe 1968: 86). No muy lejos de la línea de combate, las mujeres esperan para arrebatar los cuerpos de los enemigos muertos, y si no los hay, con el mismo entusiasmo se llevan y descuartizan los cuerpos de sus propios guerreros. En las palabras de Ta'unga, que igual podrían haber sido escritas por Staden, las mujeres lo hacían "gritando de alegría porque sus necesidades habían sido satisfechas" (87). Es difícil imaginar por cuánto tiempo podría sostenerse una población humana en una única isla asolada por la guerra y el canibalismo constantes, pero aparentemente no había ningún problema, pues esto era apenas la punta del témpano.

En tono ominoso, nuestro cronista misionero anuncia a sus superiores de su isla natal y de Londres que los seres humanos "son como peces para ellos", "de manera que no sólo se comen a las víctimas habidas en guerra" (90); en realidad, la lista es interminable, pues cada quien es una comida potencial para los demás. Más macabra es la información de que no sólo se encuentran enemigos en el menú: una simple discusión entre conocidos puede terminar con uno muerto y "llevado a casa para cocinar". En una atmósfera que transformaría a Caín en un paradigma de la virtud, incluso hermanos enemistados no desdeñarían la oportunidad de comerse mutuamente. Sin embargo, esto no es todavía lo peor, pues nos enteramos de que los padres hacen lo mismo con sus hijos, salvo que por alguna razón inexplicable sólo comen la cabeza.

Ta'unga cuenta que, como era su deber, trató de convencer a los indígenas de que abandonaran tan horrendas costumbres, pero no le hicieron caso. Es difícil refutar esta evidencia, pero por otra parte sería aún más difícil aceptarla tal cual como la verdad. Aun cuando es posible que el relato concuerde con ciertas ideas del siglo XIX sobre el estado de la humanidad privada de los beneficios de la educación cristiana, no concuerda con un siglo de experiencia acumulada por los antropólogos sobre la condición humana. Aquí resulta instructivo el comentario de un estudioso de las descripciones de primera mano de los ritos caníbales de los judíos: incapaz de refutar relatos seculares, llegó a la conclusión de que era imposible hacer otra cosa que asombrarse ante el modo como los productos de una imaginación excitada eran otrora aceptados como hechos (Strack 1909: 33).

También es preciso recordar que no hace tanto tiempo que corrían historias de amazonas, de hombres que vivían en los árboles y de otros con la cabeza entre los hombros y los pies hacia atrás. La presunta especie *Homo monstrosus* no se extinguió como concepción científica hasta el siglo pasado (Malefijt 1968), y aún sobreviven ciertas imágenes como el abominable hombre de las nieves del Himalaya y otros tipos semejantes. La existencia de hombres físicamente normales cuya única falla fuera el canibalismo no era demasiado increíble. Para algunos, los argumentos educativos aducidos en contra de estas acusaciones de canibalismo serán insuficientes para contrarrestar las narraciones personales. A ésos bien podría planteárseles otra pregunta, muy concreta: si los aborígenes de Nueva Caledonia se comían a todo el mundo, desde los enemigos remotos hasta los parientes cercanos ¿cómo escapó a ese destino Ta'unga? Cualquier misionero podría responder a esta pregunta, pero ¿el recurso a la intervención divina será suficiente para el analista más objetivo?

Hay otra forma de probar los datos que, como en el caso de los Tupinambá, implica una evaluación de su coherencia interna e impone considerar más detalladamente la historia de Ta'unga.

Antes de terminar su sección "Sobre el comer hombres", Ta'unga juega con las emociones del lector en una desgarradora escena final, acompañada por un dibujo del suceso. Esta historia fue escrita algún tiempo después de la visita del autor a la isla, puesto que está precedida por la afirmación de que "Hay algo sobre lo cual olvidé escribir antes" (Crocombe 1968:

Grabado de *The Works of Ta'unga* que muestra la elección de una víctima del canibalismo en el sur del Pacífico.

93). La versión original de este relato y el dibujo fueron publicados por primera vez en una revista misionera en 1848 con el epígrafe: "Representación por un misionero del hijo de Pasan pidiéndole a su padre hombres gordos para comer" (94). El representante de la civilización europea aparece al fondo, mucho más vestido que sus acompañantes locales. Curiosamente, tiene las manos unidas en una plegaria. El patético cuadro incluye una especie de transcripción de una conversación entre un jefe local y su hijo favorito. Después de resolver acerca del individuo, el padre pregunta al niño si quiere que despachen a la víctima de inmediato. "Que lo descuarticen vivo", responde el niño. A esto sigue más transcripción y una horripilante descripción de la minuciosa destrucción de la infortunada víctima, y Ta'unga prosigue informando a su pastor y lectores europeos: "Yo estaba abrumado de dolor y traté de detenerlos, pero no me escuchaban porque yo no sabía su lengua, de manera que no podía hablarles del modo de vida recto" (93). Nuevamente, surge la pregunta obvia: con tal incapacidad lingüística ¿cómo es posible que registre en detalle una conversación? Ta'unga puede haber sido un sólido representante de la fe, pero seguramente no era uno de los doce apóstoles originales, dotados del don de lenguas.

Las dos descripciones de actos de canibalismo revisadas aquí dejan algo que desear, tanto en términos de los detalles de los presuntos acontecimientos como de la atmósfera general. Cada una aporta algo a nuestro conocimiento de otras culturas tal como existieron en el pasado, pero como obras completas son demasiado tendenciosas y burdas para aceptarlas como retratos creíbles de otros pueblos. Demasiadas de sus observaciones sobre otros aspectos de esas sociedades son tan ingenuas, a la luz de nuestra comprensión actual de los fenómenos culturales, que resultan casi inútiles. Además, por sus propias razones cada libro tiende a presentar a los habitantes de acuerdo con las nociones prevalecientes en la época sobre el salvajismo. Tales imágenes no están demasiado alejadas de las pautas actuales, y proporcionan el contexto en que mejor pueden apreciarse el relato de canibalismo y las opiniones de un antropólogo contemporáneo.

Las afirmaciones de haber contemplado directamente actos de canibalismo abundan en las narraciones de exploradores, misioneros, comerciantes y otros por el estilo. Naturalmente, los testimonios varían en detalle. En un polo tenemos las oblicuas observaciones de viajeros tempranos que al atravesar el pueblo de algún grupo del que habían oído decir que eran antropófagos habituales vieron, efectivamente, carne humana asándose al fuego (cf. Weeks 1913). En el otro extremo tenemos las gráficas memorias de Staden y Ta'unga, que es preciso tratar con más cuidado. El primer tipo, del que se verán ejemplos a lo largo de este libro, merece poca o ninguna credibilidad.

Dejando atrás este tipo de literatura y examinando en cambio la producción de antropólogos profesionales, los problemas cambian pero la situación sigue siendo extraña. De todos los rincones del globo llegan informes de que un grupo humano específico entre el cual ha vivido un antropólogo era caníbal hace mucho tiempo, antes del contacto, hasta la pacificación, recientemente o apenas ayer. El lector se ahoga en una corriente de verbos en pasado que denotan diversos grados de alejamiento en el tiempo, indicando el abandono de la costumbre algún tiempo antes de que el investigador llegara a residir en el lugar. Como he indicado antes, hay docenas de artículos dedicados al tema de la antropofagia: lo extraño es que un prolongado interés por este tema sólo ha descubierto una publicación de un antropólogo que afirma haber presenciado personalmente el acto. Todos los demás, aun los que incluyen la palabra canibalismo en el título, alegan, recortan, o están escritos en pasado hasta que eventualmente queda claro que el antropólogo no vio realmente el acontecimiento que describe. Una cuidadosa lectura del material sugiere que, más que tratar de engañar al lector, el autor está tan convencido de la validez de su suposición que no percibe conscientemente la distorsión. Esto lo propongo después de una investigación considerable, que incluyó la investigación de las afirmaciones de colegas que aseguraban haber leído relatos de primera mano escritos por otros antropólogos. Éstos resultaron estar en la misma categoría de inexistencia antes descrita. Por lo tanto, la oportunidad de examinar aunque sea un breve relato del presente es muy valiosa.

Este artículo, que según una nota al pie fue presentado primero como conferencia ilustrada por películas y diapositivas, empieza bastante comúnmente con la afirmación: "La ingestión de carne humana por seres humanos ha sido algo muy difundido" (Dole 1962: 567). La sección inmediatamente siguiente propone el esquema de "endocanibalismo, exocanibalismo y autocanibalismo" al que ya hemos aludido. La desaparición de la costumbre entre otros pueblos se explica en términos de los "incansables esfuerzos" de agentes europeos. En una violación de las habituales normas de neutralidad que con frecuencia caracteriza las discusiones antropológicas de este fenómeno, el endocanibalismo ritual se define como limitado a "pueblos incivilizados" (567). Sin embargo, el objeto principal de la publicación es la descripción y análisis de un tipo especial de canibalismo "de ceniza de huesos" que supuestamente subsiste todavía en la actualidad entre los indios Amahuaca de la frontera peruano-brasileña. Como raro ejemplo de "endocanibalismo ritual" observado, aun en forma tan esotérica, el material merece una presentación detallada.

En el transcurso de una noche murió un niño pequeño, y entre el duelo de los parientes cercanos y la actitud respetuosa de los demás, el cuerpo fue enterrado en una fosa poco profunda, encerrado en un ataúd hecho de ollas amarradas con fibras vegetales, en el que se colocaron también algunas cosas relacionadas con el niño, como trapos, una hamaca y unos juguetes de olote. La madre visitaba diariamente la tumba con visibles expresiones de dolor y al séptimo día, como de costumbre, el cuerpecito fue desenterrado para su cremación. Se colocó leña hecha del pilón de la madre, rajado especialmente para la ocasión, y otros combustibles alrededor de las vasijas cerradas que contenían al difunto y se encendió el fuego. Después de algún tiempo se abrieron las ollas y se agregó más leña para completar el proceso. Una vez frío el contenido, la madre sacó los diminutos pedazos de hueso que quedaban. Las ollas y las cenizas fueron llevadas de vuelta a la tumba y enterradas de nuevo. A esta altura lo mejor será dar el propio texto de la autora, que sigue las acciones de Yamba Wachi, la madre del niño.

> Yamba Wachi siguió aullando intermitentemente durante varios días más, teniendo la vasija con los huesos en el regazo. Durante ese lapso su hijo adulto cortó un nuevo pilón. Una vez terminado, ella molió maíz e hizo papilla. Con esa papilla mezcló el polvo de hueso y bebió la mezcla (569).

Nótese el problema. En una frase los pedacitos de hueso son concretos, y en la siguiente se trata de polvo. Dole no indica cómo, cuándo o por qué los huesos se convirtieron en ese polvo. Es ésta una omisión que resalta en lo que es por lo demás una descripción extremadamente meticulosa de una ceremonia funeraria que supuestamente termina en canibalismo. Si la autora vio moler los huesos para hacerlos polvo, ¿por qué no lo dice? Si no vio moler los huesos ¿cómo puede afirmar que el polvo era en realidad los huesos molidos del niño? No cabe duda de que nos enfrentamos a un proceso complicado que recuerda el juego de la mosqueta, aunque en este caso los artículos que cambian de lugar constantemente son una vasija y unos huesos. Los huesos podrían perderse fácilmente hasta para el ojo de un observador avezado, que los ve un momento y al siguiente ya no los ve. La mano del indígena resulta más rápida que el ojo del antropólogo.

El lector que piense que este tipo de minucioso escrutinio del material es innecesario debe recordar que es ésta la única descripción escrita por un antropólogo que afirma explícitamente haber presenciado personalmente un acto de canibalismo. Si la costumbre de comerse a los muertos estuviera bien documentada y confirmada independientemente por otros, un enfoque como el que guía este estudio sería innecesariamente tedioso, pero carecemos de ese tipo de seguridad intelectual. En lugar de un hecho demostrado, nos encontramos constantemente con suposiciones y rumores y el temor de que puedan ser ciertos. Por lo tanto, una interpretación rigurosa impone que la única descripción presentada como prueba concreta de canibalismo ritual no contenga lagunas, especialmente en el crucial momento del consumo. Precisamente en ese punto la descripción se interrumpe de manera que el lector se ve obligado a llenar el hueco y a suponer que ha leído una detallada descripción de un acto de canibalismo, cuando en realidad no es ése el caso. En cambio se pide al lector que haga las mismas suposiciones básicas iniciales que la autora, de que el canibalismo está muy difundido y éste es sólo otro caso. En lugar de servir para apoyar la idea de que el canibalismo existe, este material hace precisamente lo contrario: la creencia previa en la existencia de la costumbre es el primer paso necesario para aceptarlo. No es posible afirmar con ningún grado de certidumbre que los Amahuaca no practiquen el "endocanibalismo ritual de ceniza de huesos", ni tampoco puede decirse con certeza que lo hagan. Como siempre, quedamos con dudas y un misterio.

Otra notable omisión del relato de Dole es el hecho de que no considera ninguno de los elementos simbólicos de esta prolongada ceremonia. La mejor manera de emprender un análisis de ese tipo es sobre la base de una experiencia personal con la cultura o a través de la inmersión intelectual en una cantidad significativa de literatura publicada. A la luz del reducido material etnográfico contenido en el ensayo de Dole, sólo podemos ofrecer una sencilla sugerencia. Ese análisis captaría inmediatamente la significación del pilón de moler. Excluyendo al difunto, la figura central de la ceremonia es la madre, y el objeto central es el mortero, que probablemente tiene fuertes asociaciones con la maternidad. El pilón es consumido por el mismo fuego que consume al niño, indicando simultáneamente el abandono de sus papeles principales como criadora de niños y proveedora. En efecto, la personalidad social de la madre queda en suspenso, junto con la mezcla de las cenizas de su hijo y sus implementos domésticos. Pero pronto termina su duelo y la madre resurge cuando otro de sus hijos hace un nuevo pilón, que es utilizado para moler maíz y, según el relato de Dole, los huesos del hijo muerto. Concluye Dole: "La madre siguió de duelo hasta que hubo consumido hasta el último vestigio del niño, tras de lo cual su actitud cambió radicalmente, como antes lo había hecho la de su marido. Apareció voluble y contenta, sin rastro de su anterior desesperación" (569). El punto más importante es si realmente ingirió el polvo de huesos o si el maíz molido era un sustituto simbólico. Esto no es tan improbable como podría parecer a primera vista, puesto que la sustitución de un espíritu por un artículo alimenticio significativo es un rasgo cultural muy difundido. Cuando ocurre un incidente de transustanciación semejante, lo mejor es considerar un análisis simbólico como modo apropiado de interpretación, a pesar de la probable insistencia de los indígenas de que en realidad se ha comido efectivamente carne humana.

Para elaborar un caso más fuerte en defensa de una interpretación simbólica harían falta más datos etnográficos sobre los Amahuaca. La producción de maíz como importante actividad femenina se puede dar por sentada, y mayores detalles sobre este tema suministrarían probablemente mayor apoyo para la consideración del elemento de fertilidad incluido en los eventos funerarios. También sería útil conocer las costumbres relacionadas con la muerte de un adulto, pues no es probable que se ejecute la misma secuencia de actos. Sin embargo, por último tampoco esto nos serviría de nada, puesto que no afecta los principales puntos discutibles, que incluyen el crucial hueco en la descripción de los eventos observables por Dole y el hecho de no considerar en absoluto el elemento simbólico del ritual.

Este capítulo, con su presentación de la naturaleza de la disciplina y del problema, prepara el escenario para la consideración de temas más importantes en secciones posteriores. Hasta ahora el propósito fundamental ha sido mostrar que los abundantes datos sobre la naturaleza caníbal de otros tienen escasa o ninguna relación con el método de investigación científica objetiva. El cuidadoso escrutinio de algunas de las mejores instancias de lo que se aduce como canibalismo "observado" revela la naturaleza de la evidencia. Tales ejemplos eran fundamentalmente relatos de un solo individuo de lo que se presentaba como eventos aislados entre oscuros pueblos en los límites del tiempo y del espacio. Lo que sigue en los próximos capítulos es el análisis de material procedente de numerosos estudios de varias disciplinas, incluyendo casos de descripción de canibalismo en gran escala en pueblos que ocupan un lugar importante en nuestra visión del universo social, con referencia particularmente a la frontera entre civilizado y salvaje.

2. LOS ANTROPÓFAGOS CLÁSICOS

El procedimiento habitual en un ejercicio académico de este tipo incluye generalmente una juiciosa recolección de trocitos de información procedentes de numerosos grupos humanos desperdigados (lo que a veces se describe como *tribe trotting* ["trotar de tribu en tribu"]), a fin de demostrar o refutar el punto elegido por el autor. Por erudito que esto pueda parecer, el método del ejemplo apropiado no es demasiado recomendable. El lector es abrumado y reducido a un papel pasivo por una avalancha de minucias sobre costumbres de sociedades de nombre impronunciable, y el cuadro que se traza cuidadosamente para él puede ser agradable o desagradable según las preferencias; sin embargo, en ningún caso es posible evaluar correctamente las conclusiones a menos que el lector esté dispuesto a emprender una odisea intelectual análoga. La fe y la confianza pueden ser cualidades admirables en otros contextos, pero no son apropiadas en una situación como ésta. Un problema metodológico relacionado con esto es la incapacidad tanto de los investigadores como de los lectores para comprender plenamente la significación de una costumbre o de la declaración de un informante cuando están artificialmente divorciadas de su ambiente cultural. La acción o las ideas sociales sólo pueden evaluarse en el contexto del sistema cultural del cual forman parte. La interpretación de tales hechos en aislamiento unas veces resulta sin sentido y otras conduce a interpretaciones erróneas.

En un esfuerzo por superar algunos de estos defectos, este capítulo y el siguiente se concentrarán en un número limitado de casos que normalmente figuran en lugar prominente en cualquier discusión del canibalismo. El acto antropofágico, tal como ha sido relatado una y otra vez por una serie de cronistas desde diversas distancias y perspectivas, será considerado en un contexto cultural amplio. Además, esta orientación tomará en cuenta el contexto del informe, tratando de comprender lo mejor posible el talante de la época en el mundo occidental. Con mucha frecuencia el conocimiento de la atmósfera intelectual del receptor es de gran ayuda para evaluar e interpretar la evidencia. El antropólogo y el antropófago merecen la misma consideración.

Hasta fines del siglo XV el término literal *antropófago* describía a aquellos salvajes situados en los límites de la civilización occidental que comían carne humana. Sin embargo, el siglo XV llegó a su fin como una edad con oportunidades aparentemente infinitas de expansión terminológica y geográfica gracias al descubrimiento del Nuevo Mundo y sus habitantes, que en las primeras descripciones a menudo resultaban asombrosos. Es justo, por lo tanto, que el primer caso de estudio sea el de los caribes, de cuyo nombre derivó, a través del español de la época, la palabra *caníbal.* Debido a la defectuosa pronunciación española, los caribes se convirtieron en canibas y luego en caníbales, y así correspondió a los caribes la distinción de que su nombre llegara a ser sinónimo de antropófago en varias lenguas modernas, distinción debida nada menos que al propio Cristobal Colón. Los hechos de que solamente su barco, la "Santa María", haya naufragado en el primer viaje, de que su segundo haya encallado en su primer regreso al Nuevo Mundo, y de que haya muerto convencido de que había descubierto una nueva ruta hacia Catay, no significan que no debamos prestar atención a sus opiniones, aunque sí desmistifican inmediatamente al gran Almirante. Si bien Colón oyó rumores, no llegó a ver ninguna evidencia directa, por lo cual él no creía efectivamente que los caribes fueran caníbales; sin embargo, no dejó de contribuir a la difusión de la idea de que había antropófagos en el Nuevo Mundo al regresar de su fantástico viaje. Para comprender esta situación es preciso tener presentes algunos detalles etnográficos e históricos de una de las épocas más llenas de acontecimientos de la historia del mundo.

Con el descubrimiento del Nuevo Mundo hacia el oeste y la reciente invención de la imprenta, el siglo XVI despuntaba con una verdadera explosión de conocimiento potencial. Y con la misma velocidad se extendieron las posibilidades para la diseminación de errores y así la difusión de otro tipo de ignorancia. La información sobre el tema de la antropofagia ilustra con suficiente claridad el hecho de que ambos procesos tenían lugar con la misma facilidad. Al otro lado de la "Mar Océano" prevalecía entre los aborígenes una similar tendencia a la desinformación, y en la mayoría de los casos esos diversos prejuicios cruzaron el Atlántico en ambos sentidos para pasar a formar parte del conocimiento general.

Las islas con que primero tuvo contacto Colón estaban habitadas por arahuacos y caribes, dos grupos culturalmente distintos. Las islas del norte, que comprenden Cuba, Puerto Rico, Santo Domingo y las Bahamas, estaban habitadas, salvo raras excepciones, por arahuacos que hablaban dialectos similares de una lengua madre y compartían otros rasgos sociales y culturales. Su visión del mundo incluía aparentemente el odio y miedo a los caribes, sus vecinos diferentes y más agresivos de las islas menores del sur, como San Vicente, Santa Cruz y la Martinica. La palabra que significa "comedor de hombres" es *caníbal* y no *arahuaquíbal* porque Colón se encontró primero con los arahuacos, que se mostraron ansiosos de informarle acerca de los chismes corrientes sobre sus enemigos del sur. Sin embargo, fue algo más que calumnias locales lo que impulsó a los subsiguientes europeos a aceptar esa calificación para los indios del sur. Según la transcripción parcial que poseemos del diario de Colón (el original completo está perdido), los arahuacos eran un pueblo pacífico y amable que dio la bienvenida a sus visitantes europeos con gran hospitalidad. Colón correspondió a la cortesía informando a los Reyes Católicos que "son buenos para les mandar y les hacer trabajar, sembrar; y hacer todo lo otro que fuere menester..." (Diario, 16 de diciembre). El hecho de que no haya logrado regresar con las especias y el oro que había prometido posiblemente tuvo algo que ver con las veladas insinuaciones del Almirante sobre los potenciales beneficios de la esclavitud. También informó a Sus Majestades que había "entendido" en una conferencia con arahuacos muchas otras opiniones interesantes: le habían "dicho" que hacia el sur había "hombres de un ojo, y otros con hocicos de perros que comían los hombres, y que en tomando uno lo degollaban y le bebían su sangre, y le cortaban su natura" (Diario, 4 de noviembre). Éstos eran además los consortes de las amazonas, pues también le informaron que eran los únicos que tenían relaciones con "la isla de Matinino... que era toda poblada de mujeres sin hombres" (13 de enero).

Actualmente no está claro cómo llegó Colón a poseer toda esta información, puesto que su único intérprete era un judío que "sabía diz que hebraico y caldeo y aun algo arábigo", quien había sido expulsado de España en 1492 a bordo de la "Santa María". Es posible que los arahuacos hayan sido más benévolos en su descripción de los caribes y que algunos de los comentarios más fantasiosos deban atribuirse a problemas de traducción. Además, el propio Colón puso en duda tales historias, comentando que los indígenas también habían creído al principio que él y sus hombres eran antropófagos (Diario, 23 de noviembre, 5 de diciembre). Desdichadamente, el diario, que era una relación día por día del viaje del descubrimiento, nunca fue publicado completo.

Muy distinta suerte tuvo la carta despachada por Colón desde Lisboa a Luis de Santángel, escribano de ración de los Reyes Católicos, relatando su intento de llegar a la tierra del "Gran Can"; un biógrafo del Almirante ha dicho que la carta fue escrita "con Marco Polo zumbándole en la cabeza y las vagas sílabas de los salvajes resonándole en los oídos, sumando dos más dos y persuadiéndose a sí mismo de que los dos extremos de la Tierra se habían unido" (Brooks 1924: VII-VIII), pero de todos modos fue inmediatamente traducida y reimpresa en toda Europa. Ese resumen de los aspectos más espectaculares de su viaje incluía la afirmación de que había por allá "una isla" cuyos habitantes "comen carne viva" (Navarrete 1825-9: I, 297). Aparentemente la tentación fue demasiado para él y así se estableció para un largo futuro la reputación de los caribes.

Ilustración de una edición del siglo XVII del diario de Colón, estableciendo la ecuación visual entre resistencia indígena y canibalismo.

Al año siguiente el "Almirante de la Mar Océano y Virrey de las Indias" regresó al Nuevo Mundo en forma más acorde con sus títulos: diecisiete barcos y mil quinientos hombres lo acompañaban. Además de llevar mayor cantidad de hombres y provisiones, la flota aspiraba no sólo a descubrir sino también a colonizar. La "pacificación" de los hasta ahí nunca vistos caribes era una de las tareas prioritarias, de manera que el primer desembarco tuvo lugar en una de las desconocidas islas del sur. Pero los caribes de la Guadalupe, probablemente para gran sorpresa del Almirante, huyeron de sus pueblos a la vista de los españoles. Es posible que también ellos hubieran oído hablar de la existencia de antropófagos en remotas islas. Sin embargo, un grupo que desembarcó y recorrió las casas desiertas afirmó haber visto en ellas huesos humanos. También trajo consigo a varias mujeres arahuacas que declararon haber sido secuestradas por los caribes. Según Las Casas, a quien debemos lo que nos queda del diario de Colón, el propio Almirante aún no creía realmente tales historias de horror (Diario, 23 de noviembre, 5 de diciembre); pero si bien es posible que a esa altura todavía tuviera dudas, el siguiente desembarco en la isla que llamó Santa Cruz puede haber puesto de manifiesto la utilidad de creer en los antropófagos: allí los caribes, en la reacción que resultó ser la más típica frente a los desembarcos españoles, lejos de retirarse atacaron a los intrusos. La fuerza de trabajo continuó entonces hacia los climas más hospitalarios de la Española, con el objeto de establecer una base de operaciones para la ulterior exploración de las restantes islas y la pacificación de los caribes. La búsqueda de oro y especias seguía siendo un fracaso, y con ello crecía la potencial significación del tráfico de esclavos. Los primeros caribes capturados fueron enviados a España con una carta de Colón en que explicaba que lo hacía por el bien de sus almas y luego añadía oblicuamente: "el provecho de las almas de los dichos caníbales, y aun destos de acá, ha traído el pensamiento que cuantos más allá se llevasen sería mejor" (Navarrete 1825-9: I, 357). Así en sus declaraciones públicas continuaba cultivando el tema de los antropófagos, mientras que la posibilidad del tráfico de esclavos iba adquiriendo una importancia cada vez mayor. Para su tercer viaje Colón tenía ya tanta experiencia en ese terreno que era capaz de reconocer a un antropófago a primera vista; así, escribió sobre los habitantes de la costa de Honduras: "Otra gente fallé que comían hombres: la desformidad de su gesto lo dice" (Navarrete 1825-9: I, 417).

A medida que estos relatos iban pasando de boca en boca en España adquirían un sabor cada vez más fantástico y también más realista. El representante del Vaticano en la corte española registró los testimonios de los viajeros que regresaban en un asombroso documento conocido hoy como las *Décadas del Nuevo Mundo* (Pedro Mártir 1912). Como cartas particulares fueron copiadas y circularon por toda Europa, donde fueron consideradas como el acontecimiento literario del siglo XVI. El papa las hacía leer en voz alta a sus invitados durante la cena para su ilustración. La índole antropófaga de los caribes desde luego figuraba en forma prominente en tales cartas, de manera que, desde la seguridad de Castilla, Pedro Mártir pudo informar que la primera vez que esos salvajes vieron a los españoles se les hizo agua la boca (p. 402). Como los marineros siempre han sido iguales, también incluía información sobre gigantes, sirenas, hombres que vivían en los árboles, islas habitadas por amazonas que recibían en cierta época del año a los caníbales con el exclusivo objeto de tener hijas y —aunque durante algún tiempo se mantuvo incrédulo sobre este particular— peces adiestrados para pescar. Tales peces (rémoras), de los seres más fascinantes del Nuevo Mundo, iban amarrados con un cordel mientras nadaban junto a la canoa de su amo, quien después los soltaba para que capturasen a otros peces. Sin embargo, Pedro Mártir se negó a crer una historia que afirmaba la existencia de hombres con una cola escamosa que los obligaba a cavar un pequeño hoyo en el suelo para poder sentarse. Esa historia fue relatada en la corte por un joven indio traído de América del Norte, cuyos relatos hicieron opinar a un sensato personaje que se encontraba presente que los demás lo escuchaban como si fuera uno de los doce apóstoles originales (Sauer 1971: 71). Todo esto es inofensivo y hasta divertido desde el punto de vista del mundo europeo, pero si nos concentramos nuevamente en las islas del Caribe el cuadro cambia. A su debido tiempo, como Colón lo había previsto ya en el diario del primer viaje, los indios fueron obligados a trabajar en empresas españolas.

Se estableció un sistema administrativo, la encomienda, que concedía a los colonizadores grandes extensiones de tierra junto con sus habitantes indígenas para proyectos agrícolas y mineros. Los dóciles arahuacos al principio se sometieron a las nuevas disposiciones, pero más tarde se rebelaron varias veces frente a la inhumanidad del sistema. Los invasores españoles reprimieron esas sublevaciones con la mayor brutalidad, que-

Representaciones artísticas del siglo XVI del mítico reino de las amazonas de Sudamérica, que ilustran sus intenciones tanto amorosas como agresivas hacia los hombres.

mando vivos a varios caciques en el proceso. Un historiador contemporáneo estima que entre 1494 y 1508 más de tres millones de aborígenes murieron en la isla de Santo Domingo solamente como resultado de la pacificación española (Sauer 1966: 155). Los caribes, que opusieron resistencia a la colonización desde el principio y como antropófagos merecían mayor hostilidad, naturalmente recibieron mayores dosis. Según Las Casas, cuyo padre y tío habían acompañado a Colón en 1493 y que llegó a la Española en 1502 y pasó mucho tiempo en las islas antes de dedicarse a la defensa de los indios, cualquier resistencia a la colonización era atribuida inmediatamente a "los caníbales" (Sauer 1971: 126). De esa manera canibalismo y resistencia llegaron a ser sinónimos y además legitimaron las bárbaras reacciones de los españoles.

La política oficial de la Corona española inicialmente había prohibido el esclavizamiento de los indígenas de las islas, puesto que se consideraba que la misión evangelizadora era más importante que los intereses económicos de los conquistadores. Pese a las protestas y a las violaciones de los reglamentos por parte de europeos, los monarcas mantuvieron esa política salvo en el caso de los presuntos caníbales. En 1503 la reina Isabel decretó que

si todavía los dichos caníbales resistieren, é non quisieren rescibir é acoger en sus tierras á los capitanes é gentes que por mi mandado fueren a hacer los dichos viages, e oírlos para ser doctrinados en las cosas de nuestra Santa Fe Católica, é estar en mi servicio é so mi obediencia, los puedan cautivar é cautiven para los llevar á las tierras é Islas donde fueren, é para que los puedan traer é traigan a estos mis Reinos é Señoríos, é a otras cualesquier partes é logares

Grabado del siglo XVII que sugiere canibalismo entre los indígenas de la Española, que no habían sido considerados antropófagos antes del inicio del tráfico de esclavos.

do quisieren é por bien tuvieren... é para que los puedan vender é aprovecharse dellos... (Navarrete 1825-1829: II, 480).

Naturalmente, la corrida por los beneficios derivados de la esclavitud no se hizo esperar. Islas que se habían creído habitadas por arahuacos resultaron, examinadas más cuidadosamente, estar plagadas de caníbales hostiles. Lenta pero seguramente, zonas cada vez más grandes fueron reconocidas como caribes o caníbales y por lo tanto legalmente esclavizables (Newson 1976: 72). Así, la definición operativa de canibalismo en el siglo XVI era resistencia a la invasión extranjera, a la que seguía la venta de los caníbales como esclavos, considerándose que estaban mejor así que libres en sus condiciones originales.

Si bien eventualmente cayeron por completo bajo el dominio español y fueron enviados a islas distantes a trabajar en las minas y las plantaciones de sus amos españoles, los caribes recurrieron a la resistencia pasiva para evitar su completa aniquilación cultural. Resultaron ser malos esclavos, con una voluntad indomable que en ocasiones los llevaba al suicidio para escapar de la servidumbre. Además se negaron a aceptar la religión de sus conquistadores; algunos de los últimos representantes puros de la cultura caribe es la isla de San Vicente seguían rechazando el cristianismo a comienzos del siglo XVIII, y los misioneros se vieron obligados a abandonar la isla al tener conocimiento de una conspiración para matarlos. En la Dominica, veinticinco años de trabajo, en las viñas del Señor no produjeron un solo converso (Sheldon 1820: 410-12). En general los españoles no lograron realizar sus sueños de riqueza en las islas pero sí consiguieron terminar con los pueblos y las culturas indígenas del Caribe. Una vez consumidos los indios en las guerras de pacificación, las minas y las plantaciones, los europeos se vieron obligados a volver los ojos hacia otras partes del mundo en busca de fuentes alternativas de mano de obra. Desde luego conocían otro continente con salvajes similares, que eventualmente serían transportados al Nuevo Mundo en beneficio del Viejo, pero el canibalismo en África tendrá que esperar mientras evaluamos la evidencia referente a los caribes, arquetipos del antropófago en el XVI.

Una autoridad contemporánea sobre estos indios escribió recientemente en un artículo para no especialistas que los arahuacos le dijeron a Colón que con frecuencia eran atacados por unos devoradores de hombres llamados caribes. El antropólogo autor, citando el diario de Colón, añade para gratificación de sus lectores que "Colón confirmó el dato" de que los caribes "se comían a los cautivos para absorber su capacidad guerrera" (Rouse 1964: 502). En un artículo anterior Rouse había escrito con entusiasmo digno de un cronista cortesano del siglo XVI que los enemigos capturados eran comidos "con grandes signos de deleite" (1948: 560). Técnicamente, Rouse está en lo cierto en general, puesto que Colón sí afirmó la naturaleza salvaje de los caribes, pero sus formulaciones pueden inducir a error, porque Rouse sabe también que Colón no tenía ninguna prueba para apoyar esa confirmación. En realidad, como ya hemos indicado, Colón no creía que fueran realmente caníbales, aunque tenía buenas razones para hacérselo creer a los gobernantes europeos. Por qué razón un académico moderno continúa propagando ese mito es otro problema, que será considerado en el capítulo final, en que antropólogos y antropófagos caerán nuevamente bajo escrutinio conjunto. Sin embargo, no existe mayor razón para creer que los propios indígenas cuyo nombre significa hoy "comedor de hombres" lo fueran realmente. Es posible que hostilizaran a sus vecinos, que resistieran agresivamente al imperialismo español y que prefirieran su propia cultura a la europea, pero eso es todo lo que se puede afirmar. Cuando se cruza la línea hacia un área en que la justificación ideológica de la inhumanidad se vuelve más importante que los hechos, se puede afirmar y se ha afirmado mucho. Mi posición puede ser el punto de vista de la minoría, pero no es original. Las Casas, una de las figuras prominentes de esa época cuyas obras se basan en su propia experiencia en el Nuevo Mundo, niega terminantemente que los caribes fuesen caníbales (v. Sauer 1971). Sheldon (1820), que estudió la literatura disponible a comienzos del siglo XIX, apoya el juicio de Las Casas. Sus crónicas y argumentos rara vez llegan a las discusiones populares, porque no justifican la destrucción hecha por los europeos en el Caribe ni constituyen una lectura tan apasionante.

Después de unas pocas décadas de gobierno español, las culturas indígenas del Caribe estaban prácticamente destruidas, pero al oeste todavía quedaba todo un continente. El decreto real de 1503 incluía esa zona y legitimaba también el esclavizamiento de cualesquiera caníbales que pudieran encontrarse por allí. Algunas de las expediciones enviadas a la costa nunca regresaron, pero otras trajeron rumores de que las riquezas tan ansiosa y constantemente buscadas se hallaban en algún lugar del interior. Dueños ya de una considerable experiencia adquirida en las islas, los españoles empezaron a interesarse más directamente por la tierra firme, como la llamaban. En esa época un joven aventurero llamado Hernando Cortés respondió al ofrecimiento de tierras en Santo Domingo que él había venido al Nuevo Mundo en busca de oro y no a trabajar la tierra. Con esos propósitos, en abril de 1519 se unió a una expedición a la costa y para agosto de 1521 era el nuevo señor de México.

Lo que hoy se llama en tonos grandiosos y conmovedores "la conquista de México" resulta ser uno de los tantos capítulos de la historia del Nuevo Mundo que contienen de todo menos un héroe. La triunfante fuerza de seiscientos españoles estaba encabezada por Cortés, cuyas propias cartas (Cortés 1963) y biografía oficial (Gómara 1943) contienen abundantes descripciones de actos que difícilmente pueden ser calificados de admirables según las pautas de época alguna. El conquistador demostró ser insubordinado y desleal con sus superiores europeos y un azote para los indios. Él mismo admite haber cortado las manos, quemado en la hoguera, emboscado, sitiado por hambre y torturado a indígenas de todas las clases sociales para mayor gloria de Dios y Su Muy Católica Majestad a ritmo genocida. Su interés por el oro probablemente tuvo algo que ver con semejante comportamiento.

La parte de los vencidos estaba encabezada por el emperador azteca Moctezuma, una figura pasiva cuyo momento más dramático fue su muerte, a manos de sus propios súbditos o de los españoles, dependiendo de qué versión se lea. Con todo, está claro que ambos bandos tenían motivos suficientes para acabar con él, puesto que Moctezuma era tan inclinado al doble juego como Cortés y casi tan hábil como él. Esa diferencia de habilidad entre ambos fue el margen entre el éxito y el fracaso. También los aztecas pagarían por las fallas del carácter de su emperador, puesto que su sojuzgamiento fue el eventual resultado del intento de Moctezuma de engañarse y engañar a sus súbditos acerca de la naturaleza de aquellos visitantes. En lugar de tratar de comprar la partida de los españoles o de imaginar que eran los dioses cuyo regreso había sido anunciado, fácilmente pudo haberlos definido como los aventureros asesinos que en realidad eran. Ninguna de las deidades conocidas por los aztecas se interesaba por el oro tanto como los pálidos advenedizos. Sus cualidades humanas fueron bastante claras desde el primer momento de contacto con un funcionario provincial azteca, a quien Cortés con toda sinceridad le pidió algo de oro en prueba de sus buenas intenciones. El funcionario rechazó la solicitud, y Cortés partió con las proféticas palabras de que "muy presto le enviaría a mandar Mutezuma que diese el oro y lo demás que tuviese" (Cortés 1963: 38).

Dejando de lado a los personajes principales y considerando en cambio problemas más amplios, es tentadora la idea de aplicar a este encuentro la frase "*shock* cultural". Los españoles, representantes militares de la nación más fuerte de Europa, que acababan de infligir a los moros la derrota final, habían invadido el Estado más fuerte y poderoso de América del Norte. Los explosivos acontecimientos que siguieron son probablemente los mejor documentados y más discutidos de toda la época del contacto. Hay numerosos relatos accesibles que detallan las impresiones de indios y europeos. La reacción fue en primer término de asombro por ambas partes, mientras cada grupo se esforzaba por definir y entender la existencia del otro en alguna forma significativa.

El equipo militar y la agresividad de los españoles desalentaron evidentemente a los aztecas. Las armaduras brillantes, los enormes perros de pelea y los hombres a caballo, que inicialmente fueron considerados como un único animal, asombraron a los indios. La posesión y el uso de armas de fuego estaban fuera de sus posibilidades de comprensión. Sin embargo, lo que más fuertemente impresionó a los indígenas fue el ya mencionado interés de los extranjeros por los metales preciosos. Un anónimo informante mexicano ha dejado la siguiente descripción del comportamiento de los españoles después de recibir algunos objetos de oro como regalo del emperador, de manos de un alto personaje enviado a recibirlos:

> Y cuando les hubieron dado esto, se les puso risueña la cara, se alegraron mucho, estaban deleitándose. Como si fueran monos levantaban el oro, como que se sentaban en ademán de gusto, como que se les renovaba y se les iluminaba el corazón. Como que cierto es que eso anhelan con gran sed, se les ensancha el cuerpo por eso, tienen hambre furiosa de eso. Como unos puercos hambrientos ansían el oro. Y las banderas de oro las arrebatan ansiosos, las agitan a un lado y a otro, las ven de una parte y de otra. Están como quien habla lengua salvaje: todo lo que dicen, en lengua salvaje es. (Sahagún 1975: lib. XII [2a. parte], cap. 12).

Si bien es poco probable que el narrador se encontrara presente en la ocasión, aunque estaba vivo en ese momento, presenta claramente la imagen de los españoles ante los aztecas.

Los europeos por su parte estaban asombrados del nivel cultural de los indígenas. Tanto la capital, Tenochtitlan, como otras ciudades del imperio, no tenían nada que envidiar a las grandes metrópolis de Europa. Su tamaño, población, arquitectura y bienes culturales, y el orden que imperaba en ellas eran, según el propio Cortés, "casi increíbles" (Cortés 1963: 80). La situación era una instancia clásica de enfrentamiento entre el civilizado y el bárbaro, sólo que esa vez el último contaba con una técnica militar superior aunada a sus intenciones agresivas. Debido a las vacilaciones de Moctezuma, los bárbaros pronto estuvieron dentro de la ciudad, y se estableció entre ambas partes un acuerdo por el cual los mexicanos reconocían al rey de España como señor supremo y a Cortés como su representante en la Nueva España. Sin embargo, según escribió Cortés, "pasados... seis días después que en la gran ciudad de Temixtitan entré y habiendo visto algunas cosas della... me pareció... que convenía al real servicio de vuestra majestad y a nuestra seguridad que aquél señor [Moctezuma] estuviese en mi poder y no en toda su libertad" (Cortés 1963: 61). El emperador fue convencido de trasladarse al alojamiento de los españoles y someterse a un arresto domiciliario. Esa maniobra llevó eventualmente a una sublevación popular y a la muerte de Moctezuma.

El consejo azteca reaccionó alzando por señor a Cuitláhuac, pariente de Moctezuma de carácter mucho más enérgico; así se logró controlar la insurrección y organizar una guerra de resistencia. Cortés y sus hombres, cargados de tesoros, se vieron obligados a abandonar apresurada y desorganizadamente la ciudad, sufriendo numerosas bajas, en lo que llegó a ser conocido como la Noche Triste. Los españoles se refugiaron en la vecina ciudad de Tlaxcala, independiente y enemiga de los aztecas. Después de un período de reparaciones y preparativos, los españoles y sus aliados indios volvieron sobre Tenochtitlan, gobernada ya por Cuauhtémoc. Después de un prolongado asedio en que hubo despliegue de valor por ambas partes y muerte y sufrimientos importantes por parte de los aztecas, la ciudad se rindió. Los españoles tenían ya su primera capital en la Tierra Firme, y a pesar de las buenas intenciones y los tardíos ataques de conciencia cristiana, los indios de México estaban listos para correr el mismo destino que los de las islas. Cien años después del contacto y la dominación española, como resultado de la guerra, la intermitente resistencia, en algunas zonas el hambre y la imposición de un régimen colonial duro, pero principalmente debido a la introducción de enfermedades desconocidas hasta entonces, la población indígena del valle de México se había reducido de un millón y medio de habitantes (estimados) a setenta mil (Gibson 1964: 6). En esta forma la culminación del choque de dos culturas conocido generalmente como la conquista fue la aniquilación casi completa de los habitantes de la región y de su cultura. El resultado de la aventura era algo muy semejante al genocidio, pero los españoles fueron capaces de racionalizar su acción: poco después de la conquista se hizo manifiesto que además de idólatras los mexicanos eran sodomitas y antropófagos. Para el siglo xx, la antropofagia de los antiguos mexicanos había llegado a ser un hecho etnohistórico, y la única pregunta que queda en pie para los actuales proselitistas de una convicción teórica —contrapuestos a los pasados proselitistas de una fe religiosa— es cuántos eran los comidos y cuál era la "verdadera" razón.

El tipo de análisis que se intenta aquí impone el abandono de las ideas generales y las verdades preconcebidas al reconsiderar el pasado del Nuevo Mundo. Para los aztecas el punto de partida es obviamente Cortés, quien, al igual que Colón en el Caribe, no sólo estaba presente sino que registró sus observaciones a medida que se desarrollaban los acontecimientos. Como no veía el cuadro completo que sólo el paso del tiempo permitiría apreciar, no tendía tanto a legitimar las repercusiones de sus aventuras, que todavía no eran evidentes. Sus observaciones eran con frecuencia sólo eso, antes que una presentación o reorganización de eventos pasados que resultara más cómodamente aceptable para la moral imperante.

Cortés fue un aventurero y un caballero salteador hasta su muerte, por lo cual su legado literario es muy limitado. La relación cortesiana de la conquista de México se encuentra en su forma más pura en cinco cartas dirigidas a Carlos V, escritas entre 1519 y 1526, cuando Cortés estaba aún en plena lucha, y que son los despachos militares que se propusieron ser.

Hay varias ediciones disponibles de esos documentos. La versión utilizada aquí (Cortés 1963) no contiene referencia alguna a la observación de canibalismo, pero hay algunas breves y explicables alusiones al tema a medida que la situación entre mexicanos y españoles se iba agravando. Al principio, como de costumbre, hubo algunas sospechas de los indios acerca de la naturaleza de los españoles, registradas por Andrés de Tapia. Los indígenas no dejaron de considerar la posibilidad de que los españoles fueran caníbales, pero el desenlace de la guerra aseguró que la idea no llegara a desarrollarse plenamente. Los vencedores siempre se arrogan el privilegio de redefinir a los vencidos, y si la cultura de los últimos resulta parcialmente obliterada, la tarea es aún más fácil. En contraste, la inicial sospecha española de que los indios del continente eran antropófagos al igual que sus hermanos de las islas ha llegado hasta nosotros como un hecho histórico indudable. Sin embargo, es imposible rastrear esa idea directamente hasta Cortés, el primer cronista de la era.

Después de entrar en la capital por primera vez, Cortés prohibió explícitamente la práctica de hacer sacrificios humanos a las deidades aztecas; esa imposición de la ley civil y religiosa española explica que no haya mención de que un solo individuo haya sido sacrificado y comido durante la primera estadía de los españoles en la capital. Su expulsión al poco tiempo y subsiguiente ataque a la ciudad meses después cambiaron las cosas. En uno de los muchos enfrentamientos entre españoles e indios, en que se ofrecía a los indígenas la oportunidad de rendirse pacíficamente, Cortés registra un curioso diálogo en que "no sé quién de los nuestros díjoles que se morían de hambre y que no les habíamos de dejar salir de allí a buscar de comer. Y respondieron que ellos no tenían necesidad, y que cuando la tuviesen, que de nosotros y de los Tascaltécal comerían" (Cortés 1963: 135). También dice Cortés que uno de sus capitanes le informó que un grupo de españoles capturados había sido ofrecido a las deidades aztecas, pues habían visto varias figuras ascendiendo a una pirámide y "en los cuerpos desnudos y blancos que vieron sacrificar conocieron que eran cristianos" (Cortés 1963: 171), pero en esta primera observación del evento no hay mención de que las infortunadas víctimas hayan sido posteriormente comidas. La referencia más explícita al canibalismo proviene de lo informado por uno de los principales oficiales de Cortés sobre una operación independiente: "El alguacil mayor fue aquel día dormir a un pueblo de los otomíes... y por el camino que llevaban... hallaban muchas cargas de maíz y de niños asados que traían para su provisión" (Cortés 1963: 174). Cortés no confirma ni comenta esa afirmación, pero como militar es probable que comprendiera la importancia que tendría en el frente interno. Aun a la luz de la opinión actual sobre los aztecas, este cruento detalle no encaja bien en su imagen. Lo que sí confirma, sin embargo, es que con frecuencia la verdad es lo primero que desaparece en cualquier guerra. Cuanto más salvaje se pueda presentar al enemigo, tanto mejor, y es difícil imaginar algo más repulsivo que raciones militares en forma de niños asados.

Una relación secundaria de la conquista es la de Gómara, secretario personal de Cortés en años posteriores, que recibió quinientos ducados de la familia del conquistador por proporcionar una versión más legible y deslumbrante de los acontecimientos. Naturalmente, esa versión es mucho más colorida y dramática, y en ella el conquistador aparece como una figura mucho más elocuente y heroica. Sin embargo, jamás se dice que Cortés o sus compañeros hayan sido testigos de actos de antropofagia. Nuevamente las referencias al tema son apartes editoriales y dramáticos insertados por el escritor. Relatando las experiencias del héroe entre los habitantes de Cholula, que eran aliados de los mexicas, Gómara se muestra casi capaz de leer la mente de los indígenas: cuando Cortés les pidió "alguna cosa de comer", los traicioneros cholultecas "se sonreían, diciendo entre dientes: '¿Para qué quieren comer éstos, pues presto les tienen de comer a ellos en ají cocidos, y si Moteczuma no se enojase, que los quiere para su plato, aquí los habríamos comido ya?' " (Gómara, cap. LIX). En la versión de Gómara del ya mencionado intercambio de insultos entre figuras de ambos bandos, el guerrero mexicano responde "que contentarían los dioses con su sacrificio, y hartarían con la sangre las culebras, y con la carne los tigres, que ya estaban cebados con cristianos" (cap. CXXXII). La muerte ritual de los europeos capturados en la cima de la pirámide aparece también en la biografía, pero nuevamente no hay mención de que fueran alimento para los hombres además de los dioses (cap. CXXXIX).

Las cartas de Alvarado (1852), que fueron escritas en medio de la acción en zonas distantes y enviadas inmediatamente a Cortés, tampoco mencionan canibalismo. En resumen, las relaciones escritas en el momento por participantes en la expedición aluden en unos pocos posibles casos al canibalismo de los mexicanos, pero nunca afirman haberlo observado directamente. A fin de comprender cómo los aztecas fueron convertidos en los antropófagos clásicos que hoy son sólo es preciso examinar las obras literarias de los conquistadores que escribieron sus memorias en una etapa posterior de la vida. Para entonces eran hombres diferentes que vivían en tiempos diferentes. Las consecuencias de la conquista estaban suscitando algunas preocupaciones morales y el destino de los indios era objeto de debate en las capitales de Europa. Para entonces los españoles habían ganado la guerra, pero la racionalidad de la conquista y el carácter del gobierno colonial eran problemas candentes. Así Francisco de Aguilar, uno de los lugartenientes de Cortés, escribió más de cincuenta años después de su regreso a España que, cuando los aztecas hacían un prisionero, "lo asaban en hornillos y lo comían por manjar muy suave" (1938: octava jornada, 99). El "Conquistador Anónimo", cuya tardía reacción puede ser auténtica o no, pero de todos modos es un reflejo de los tiempos, cierra su ensayo sobre la conquista afirmando que los mexicanos "comen carne humana y la estiman más que todo otro alimento del mundo, tanto que muchas veces van a la guerra y ponen en peligro sus vidas sólo por matar a alguno y comérselo. Son, como se ha dicho, en su mayor parte sodomitas y beben desmesuradamente."

El escriba más prolífico entre los que participaron en la conquista resultó ser Bernal Díaz del Castillo, un oscuro soldado cuyo nombre no aparece en las demás versiones. Bernal Díaz fue impulsado a añadir a las listas sus propias reminiscencias por la aparición de la servil biografía de Cortés por Gómara, que en su opinión disminuía injustamente la importancia y las realizaciones de otros miembros de la expedición. En su "verídica relación" de la conquista de México se proponía restablecer el equilibrio. Poco a poco fue ordenando sus recuerdos en la vejez, cuando residía en Guatemala (Cerwin 1963). En esta particular saga de una juventud dedicada a la guerra, el carácter caníbal de los indios empieza a adquirir una forma más vívida. Lo que antes eran intenciones y temores se convierte ahora, con el paso del tiempo, en hechos concretos. En consecuencia, Díaz menciona a menudo el canibalismo al pasar: que tenían en lugares especiales "indios e indias encarcelados y a cebo, hasta que estuviesen gordos para comer" (cap. LXXVIII); que "en pago de que venimos a tenerlos por hermanos y decirles lo que Dios Nuestro Señor y el rey manda, nos querían matar y comer nuestras carnes, que ya tenían aparejadas las ollas, con sal y ají y tomates" (cap. LXXXIII); que cerca del templo mayor estaba la carnicería y cocina "donde cocinaban la carne de los tristes indios que sacrificaban y comían los *papas*" (cap. XCII), y que a Moctezuma "oí decir que le solían guisar carnes de muchachos de poca edad" (cap. XCI). También el sacrificio de los españoles capturados aparece en forma de lo más conmovedora; en una notable proeza visual,

Bernal Díaz describe los "navajones de pedernal" con que "les aserraban por los pechos y les sacaban los corazones bullendo", para luego arrojar los cuerpos escaleras abajo adonde aguardaban "indios carniceros" que prestamente separaban las carnes que "se comían con *chilmole*" de las entrañas que se destinaban a los animales del zoológico. El lector tiene que simpatizar con el autor, que concluye: "¡Oh, gracias a Dios que no me llevaron a mí hoy a sacrificar!" (cap. CLII). Hasta el más incrédulo tiene que ceder ante este cuadro hasta que nos damos cuenta de que el autor no afirma haber visto comer a nadie; en cambio presenta un colorido escenario bárbaro que lleva inevitablemente a la suposición de que los sacrificados eran eventualmente comidos. Sin embargo, eso no es lo mismo que haber presenciado el hecho. Otros historiadores e intérpretes del choque entre indios y europeos, que discutiremos más adelante, que no estaban presentes ni vivos cuando se desarrollaban estos acontecimientos, tampoco hacen esta distinción entre sacrificio y canibalismo. Y sus imágenes de lo que había pasado no chocaban con ninguna experiencia directa, de manera que sus comentarios sobre el antiguo canibalismo llegaron a ser aún más exactos y seguros.

Los aventureros que vinieron a América eran religiosos hasta el punto de creer que tenían una misión cristiana. Indudablemente esa actitud explica algunos de sus excesos, pero al mismo tiempo esos soldados manifiestan aunque con renuencia su admiración por la cultura y el espíritu marcial de los mexicanos. No sería ése el caso del siguiente grupo de comentaristas españoles, que presentaban un punto de vista religioso más formal y dogmático. La transformación de los aztecas de civilizados en bárbaros fue obra de los ágiles manejos intelectuales de esos frailes. La compasión que con frecuencia manifestaban por los indígenas en cuanto seres humanos con una capacidad natural y sobrenatural igual a la de los europeos no era mayor que su virulento odio por casi todos los aspectos de la cultura indígena. En este sentido, los frailes estaban en oposición directa con los conquistadores, quienes con frecuencia hacían comentarios favorables sobre la cultura azteca mientras eliminaban a sus representantes. Cortés específicamente comenta la piedad de los sacerdotes aztecas en contraste con lo que consideraba el venal estilo de vida de ciertas órdenes religiosas españolas.

Los intérpretes religiosos de los últimos días de la cultura mexica se dedicaron en las décadas siguientes a la pacificación a reordenar la información desde una perspectiva cristiana.

Curiosamente, esos mismos individuos son utilizados hoy como fuentes dignas de confianza sobre la cultura azteca precortesiana, aun cuando ningún otro grupo de especialistas ha tenido jamás mejores razones o mayores deseos de malinterpretar y distorsionar el material. Por lo tanto no es de extrañar que la limitada documentación del canibalismo azteca provenga principalmente de estas fuentes, donde este presunto vicio anterior es vigorosamente denunciado con regularidad. Esa condena se expresaba en el contexto de una comprensión a menudo profunda de la cultura azteca, basada en el conocimiento de la lengua indígena y en muchos años de reflexión. Sin embargo la prosa está siempre teñida por la inevitable dogmática denuncia de la cultura indígena.

Una fuente fundamental para el conocimiento de las costumbres de los indios, y por lo tanto del canibalismo, del siglo XVI son las obras de fray Diego Durán (1967), cuyas realizaciones etnográficas e históricas son impresionantes. Al mismo tiempo, el religioso se esforzó por hacer explícitos sus sentimientos sobre la antigua barbarie de los indígenas. Sobre el problema de su civilización opinaba que "nunca acabaremos de enseñarles a conocer al verdadero Dios, si primero no fueran raídas y borradas totalmente de su memoria las supersticiones, ceremonias y cultos falsos de los falsos dioses que adoraban" (I, p. 3).

El autor de esta cita nació en España en la década siguiente a la conquista, y su familia emigró a México siendo él un niño pequeño, de modo que Durán creció en la antigua capital azteca. En 1961 fue ordenado como religioso dominico e inició su misión entre los indios y el estudio de su cultura. En el proceso compiló tres manuscritos diferentes, el *Libro de los ritos y ceremonias en las fiestas de los dioses y celebración de ellas, El calendario antiguo* y la *Historia de las Indias de Nueva España e Islas y Tierra Firme*, en ese orden. Los manuscritos circularon privadamente durante el siglo XVI, fueron olvidados por algún tiempo y por último fueron publicados a fines del siglo XIX. Sus descripciones suponen la existencia anterior de canibalismo azteca como correlato de los sacrificios humanos, y se refiere al vicio unas veinte veces en el texto como prueba de la indignidad de la cultura azteca. Pero hay más, a medida que el misterioso hilo de la barbarie se abre camino por el laberinto de la mente de Durán.

Esa actitud lo lleva a escribir: "confirmo mi opinión y sospecha de que estos naturales sean de aquellas diez tribus de

Israel" (II, p. 14; *Historia*, cap. I). En cierto sentido, ésa era la hipótesis más razonable de Durán sobre el tema del origen de la cultura azteca. El problema irritante e incluso aterrador para los piadosos eran los muchos paralelismos existentes entre las religiones azteca y europeas, incluyendo a la cristiana. En su estudio de la religión mexicana, Durán descubrió un conjunto de normas morales similares a los diez mandamientos, figuras míticas que evocaban vagamente a héroes bíblicos y ritos similares a los de los israelitas antes de la alianza. Esta última categoría incluía el culto de ídolos y el sacrificio de niños, tal como lo registra el Salmo 105, que habla de "la sangre de sus hijos e hijas, que sacrificaban a los ídolos de Canaán". Como hombre de su tiempo, Durán posiblemente no estaba lejos de creer en la acusación, familiar en el siglo XVI, de que al igual que los aztecas los judíos de Europa practicaban sacrificios rituales con el objeto de conseguir la sangre necesaria para la preparación de un pan sagrado (Slutsky 1971). (Los incrédulos no tienen más que ver los manuscritos publicados en esa época que representan a ambos grupos dedicados a sus prácticas; Kisch 1949). Una idea suficientemente vigorosa genera su propia evidencia, y Durán estaba atormentado por esos ecos y reflejos. Vacilaba entre el tema judaico y el aún más horrendo pensamiento de que los indios pudieran haber sido convertidos otrora al cristianismo y en su aislamiento hubieran vuelto a caer en un paganismo anterior.

Como estudioso tanto del Antiguo como del Nuevo Testamento, Durán sabía que Cristo había ordenado a sus discípulos originales ir y predicar a todas las naciones. Los aztecas también tenían una tradición acerca de un gran maestro de moral y legislador llamado Topiltzin, quien había llegado del este y luego había regresado hacia allá. Durán consideró que ese personaje podría haber sido el muy viajado apóstol Santo Tomás, quien supuestamente había visitado "las Indias". El moderno defensor de la fe opinaba que su ilustre antecesor probablemente se había marchado antes de completar su misión, puesto que los indios eran rudos, falsos e ignorantes. Además, como bien lo sabía Durán, los mexicanos eran gente "presta a creer los fabulosos agüeros sin ningún fundamento" (I, cap. I). Según la interpretación de Durán de la historia, el mismo personaje había profetizado también una eventual invasión por más extranjeros procedentes del oriente que vengarían la pobre recepción y los malos tratos que él había padecido a manos de los mexicanos. Por lo tanto, para Durán la destrucción de los aztecas era inevitable y justificada, si bien su conversión a la verdadera fe todavía estaba por lograrse.

Por último, Durán meditaba sobre la alternativa más terrible: la de que, en lugar de Moisés o Santo Tomás, el propio Satán hubiera estado entre los aztecas y les hubiera enseñado una perversión del cristianismo, lo que explicaría algunas de las extrañas similitudes. Esa pesadilla fue dejada de lado cuando Durán se concentró en la posibilidad de "las tribus perdidas de Israel" y dedicó parte de su tiempo y de sus viajes a tratar de encontrar una Biblia hebrea en las selvas mesoamericanas. Inevitablemente, sus búsquedas desenterraron eventualmente un códice de la religión azteca que se había salvado de la anterior destrucción por los españoles de todos los documentos indígenas como cosa del demonio. Sin embargo, ni ese manuscrito ni otros convencieron a Durán, quien murió sin haber resuelto satisfactoriamente el problema.

Entre sus varios discursos y reflexiones, Durán hace numerosas referencias en su texto a los sacrificios humanos y el canibalismo. Las alusiones a este último generalmente adoptan la forma de "se los llevaban [los cuerpos] y repartían entre sí y se los comían" (I, cap. I, 33). Pese a sus comentarios, Durán nunca presenció un caso de canibalismo, puesto que la presunta costumbre había sido abolida cincuenta años antes. Sin embargo, él dio a la idea circulación continuada en un contexto más académico. Durán es uno de los dos monjes con inclinaciones etnográficas que pusieron el sello de autenticidad a la previamente no fundamentada idea del canibalismo azteca. Su colega en la empresa fue Bernardino de Sahagún, otra figura muy mencionada cuando se habla de canibalismo.

Sahagún no padeció los más extremos errores históricos de Durán, y en consecuencia su descripción en doce libros de la cultura y la historia mexica y la conquista española, que ha llegado hasta nosotros principalmente en el *Códice florentino*, es una admirable hazaña de erudición. Al igual que su predecesor, Sahagún estudió esforzadamente el náhuatl, y por medio de informantes y empleando un cuestionario cuidadosamente redactado registró sistemáticamente numerosos aspectos de la cultura indígena tradicional. No cabe duda de que los méritos intelectuales de Sahagún son muchos, y generalmente está por encima de todo reproche; pero, igual que Durán, reflejaba muchas actitudes de su época, y vale la pena considerar qué efecto pueden haber tenido esas características sociales e intelectuales sobre sus intenciones e interpretaciones.

Su obra transmite claramente la impresión de que Sahagún tenía un auténtico interés de estudioso en la sociedad azteca. Al mismo tiempo también muestra que creía que el ejercicio era un correlato necesario de la erradicación de la cultura mexicana tradicional en beneficio de la conversión. Por lo tanto no es extraño que el primer libro, que presenta al lector los dioses de los antiguos mexicanos, termine con una especie de sermón deplorando los errores y locuras que "por gran número de años" habían deslumbrado y desvanecido a la "infelicísima y desventurada nación". También exhorta "a quien quiera que esto leyere, que si sabes que hay alguna cosa entre estos naturales tocante a esta materia de la idolatría, des luego noticia a los que tienen cargo del regimiento espiritual o temporal, para que con brevedad se remedie". Poco antes denunciaba que "aún no ha cesado" cierta práctica que "más parece cosa de niños y sin seso, que de hombres de razón". La práctica en cuestión era la fabricación de imágenes de masa de *tzoalli* de los dioses, que luego eran repartidas entre los presentes y comidas. Éste y otros casos similares tuvieron sus efectos sobre la objetividad de Sahagún y deben ser tomados en cuenta en una evaluación actual de su contribución al debate sobre el canibalismo.

Sahagún nació en España, y llegó a México después de casi diez años de gobierno español. Algún tiempo después emprendió su monumental reconstrucción de la sociedad y la cultura de México. Su proyecto incluía información sobre los mitos y el folklore, así como las costumbres y la historia, y culminó en un inmenso manuscrito dividido por él en doce libros dedicados a temas diversos, que van desde "el principio que tuvieron los dioses" hasta "la conquista de México", pasando por "los comerciantes" y "las propiedades de los animales, aves peces, árboles, hierbas, flores, metales y piedras, y de los colores". Cada libro incluía ilustraciones probablemente proporcionadas por los informantes, que habían vivido en la época anterior a la conquista y aportaban además sus comentarios sobre las escenas pintadas. Sahagún registró esa información y más tarde editó el material con ayuda de una serie de indios ex alumnos suyos que conocían el náhuatl, el español y el latín (Sahagún 1975, Proemio general; Bandelier 1971). Aun en esa etapa inicial los datos eran filtrados e interpretados por una serie de mentes separadas. Además, según estudiosos actuales (D'Olwer y Cline 1973) de la obra y su autor, el objetivo de Sahagún no era la verdad histórica absoluta. Igual que los etnógrafos contemporáneos que se ocupan de problemas similares, Sahagún esperaba producir versiones del pasado que sus informantes creían verdaderas. En el proceso "evocaba antiguos conceptos, a menudo expresados en términos sumamente simbólicos, a veces en lenguaje muy oscuro" (D'Olwer y Cline 1973: 189). Lo que nos interesa es que no se trata pues de una traducción literal de la cultura tradicional, si eso fuera posible, sino más bien de un mosaico realizado por varios artesanos bajo la dirección de un maestro que tenía en su mente una visión completa del proyecto.

Estas observaciones preliminares no intentan sabotear el material referente al canibalismo ni desarmar al lector, puesto que es sorprendente, a la luz de la importancia atribuida a esta obra, la escasez de las referencias al canibalismo en sí. Concretamente, sólo dos de los doce libros, el II ("Que trata del Calendario, fiestas y ceremonias, sacrificios y solemnidades que estos naturales de esta Nueva España hacían a honra de sus dioses") y el IX ("De los Mercaderes y Oficiales de oro, piedras preciosas y plumas ricas"), contienen fragmentarias referencias a la comida de carne humana. Además, no se trata de que los informantes admitan haber participado, ni siquiera haber presenciado el hecho directamente: los relatores generalmente dicen que el cuerpo de la víctima sacrificial era llevado a la intimidad de la casa de un comerciante o de un *calpulli* donde se cocinaba y se comía. Sólo en un par de casos se da algún detalle sobre esta última parte (lib. II, cap. XXI; 1975: 101; lib. IX, cap. XIV; 1975: 514); en la mayoría de los casos simplemente se dice que se llevaban el cuerpo para comerlo. La idea de los informantes de que los consumidores de carne humana eran los miembros de la élite es un tema común que volveremos a encontrar en otros contextos culturales. Estos comentarios presentan un extraño contraste con la descripción de otras costumbres acerca de las cuales los informantes son capaces de ofrecer una cantidad aparentemente infinita de detalles, y entre éstas se cuenta la práctica de los sacrificios humanos, que eran acontecimiento corriente entre los mexicas. Es fácil suponer que el sacrificio humano es lo mismo que el canibalismo o conduce a él, pero no son la misma cosa. Menciono esto porque los *tzompantli* o muros de cráneos a los que en ocasiones otros comentaristas se han referido como evidencia de canibalismo, indican que morían muchos, pero no demuestran que fueran comidos.

Hay otras referencias al consumo de carne humana en el

Códice florentino, que no sólo no aportan pruebas sino que indican que las mínimas evidencias disponibles deben ser manejadas con precaución. Un buen ejemplo es la afirmación de que durante el señorío de Ahuítzotl "acaeció muy grande eclipse de sol... y decían que habían de descender del cielo unos monstruos que se dicen *etzitzimime,* que habían de comer a los hombres y a las mujeres" (lib. VIII, cap. I; 1975: 449). Esto sugiere, entre otras cosas, que en la mitología azteca el consumo de carne humana estaba asociado con lo desconocido, temido y malvado, no con la mundanidad cotidiana. Las actividades de esas dos esferas normalmente se mantienen separadas en cualquier cosmología. La mención del canibalismo en los contextos contrastantes del bien y el mal, lo natural y lo sobrenatural, el mito y la realidad, es una rareza etnográfica.

Hay otras referencias al canibalismo que incluyen mexicas, pero en esos casos son los comidos, no los que comen. Según el texto, los mercaderes aztecas a menudo precedían a los ejércitos, y la información que recogían era útil para el sojuzgamiento de otras zonas. Sin embargo, si eran descubiertos en ese espionaje, su destino era la muerte y "ser comidos en chilmole" (Sahagún 1950: 17-20). Una implicación de esta referencia es la barbarie de los no mexicanos que actuaban de tal modo. Y éste es el momento más oportuno para añadir que, de los centenares de pinturas incluidas en el manuscrito de Sahagún, hay sólo una ilustración del canibalismo. Cabría esperar que lo que hoy se supone haber sido un hecho corriente hubiera merecido más espacio. Sin embargo todo lo que tenemos es esa única pintura, que muestra a un desdichado mexica comido por los enemigos. El hecho aparece en el libro IV ("De la astrología judiciaria o arte de adivinar...") como ejemplo de suerte particularmente mala que podía tocarle a un guerrero. Desde luego, alguien podría argumentar que eso simplemente indica que todos los indios de México eran caníbales, pero además de prejuicio, tal conclusión adolece de más sutiles fallas intelectuales.

Finalmente, hay numerosas referencias al canibalismo simbólico, o comunión azteca, que tan desconcertante resultaba para Durán. Además de hacer imágenes de masa de las deidades, los mexicas hacían representaciones similares de víctimas sacrificiales humanas. En una declaración que tiene estrecha correspondencia con la descripción de un acto de canibalismo, anque se refiere a la imagen de masa, se dice "y llevábanla para sus casas y hacían convite con ella a sus parientes y a todos los de su barrio" (lib. II, cap. XXXIV; 1975: 145; 1951: 135). Además de provocar la ira de los españoles, la situación se prestaba a interpretaciones erróneas. La línea entre una comunión natural y una sobrenatural no es tan evidente como quisiéramos creer. Como veremos, esta clase de simbolismo es malinterpretado con mucha frecuencia en la literatura sobre otras culturas. La idea de que otros puedan haber desarrollado estructuras simbólicas tan sutiles como las nuestras no se acepta fácilmente. En el caso de los primeros misioneros llegados al Nuevo Mundo, la idea era una afrenta a la dignidad cristiana.

Éste es el momento más oportuno para abandonar a Sahagún momentáneamente y saltar varios siglos hacia adelante hasta los estudiosos contemporáneos. Propongo este interludio con el objeto de considerar en su contexto apropiado las cavilaciones de Harner sobre lo que llama el "enigma" del canibalismo mexica. Como se mencionó en el capítulo inicial, Harner (1977a) ha acusado a sus colegas profesionales de reducir la magnitud de los sacrificios humanos aztecas; propone corregir esa situación volviendo a Cortés, Bernal Díaz, Sahagún y Durán como fuentes básicas. Según nuevas estimaciones introducidas por él, hay que descartar la cifra corriente de 15 000 sacrificios humanos por año, puesto que para Harner en realidad un cuarto de millón de personas en el valle de México terminaban sus días de esa manera. Se muestra algo menos que perfeccionista en cuanto a sus métodos estadísticos, puesto que llega a esa cifra multiplicando los "miles de templos" por los sacrificados anualmente en cada uno, que "se calculan entre mil y tres mil" (1977a: 119).

Según su tesis, la falta de animales domesticados adecuados en relación con la magnitud de la población implicaba una deficiencia proteínica que llevó al "canibalismo en gran escala, disfrazado de sacrificio" (*ibid.*: 118). Sería de suponer que los mexicas hubieran podido hallar mejor "disfraz" que una ejecución pública en la cima de una pirámide. Harner establece también la familiar pero nunca demostrada conexión entre sacrificios humanos y canibalismo. Por razonable que pueda parecer, el hecho es que uno de los actos fue observado con frecuencia pero el otro no. Como quiera que sea, éste es sólo uno de muchos problemas, puesto que Harner se basa en el *Códice florentino,* que tiene muchos puntos positivos, pero, como hemos demostrado, no contiene una documentación adecuada del canibalismo. Reconociendo esta falla menor de su argumentación, Harner descaradamente opina que los informantes indígenas de Sahagún "probablemente daban por sentado el aspecto antropofágico, y es posible que en general no hayan mencionado la práctica en sus descripciones de los diferentes detalles de ceremonias y ritos" (*ibid.*: 125). En otras palabras, por una singular inversión del método académico, la falta de documentación se presenta como prueba de la existencia de una costumbre. Aunque novedosa, la técnica no es del todo convincente.

Igualmente importante, la perjudicial evidencia en contrario de Sahagún y otras fuentes es ignorada. Sumamente pertinentes son las tribulaciones de los mexicanos durante el sitio, que causaron una impresión perdurable tanto a los españoles como a los indios. Enterado de que los habitantes de Tenochtitlan "salían por las noches... a buscar leña y coger yerbas y raíces que comer", Cortés, según registra su secretario, "hizo gran matanza en ellos, como los más eran mujeres y muchachos, y los hombres iban casi desarmados" (Gómara, cap. CXLII). También dice que después de la derrota, "Andando por la ciudad [los españoles] hallaron montones de cuerpos muertos por las casas y calles y en agua, y muchas cortezas y raíces de árboles roídos, y los hombres tan flacos y amarillos que hicieron lástima a nuestros españoles" (*ibid.*). Esto lo confirman los informantes de Sahagún, que relatan con más detalle y simpatía:

> Y todo el pueblo estaba plenamente angustiado, padecía hambre, desfallecía de nombre. No bebían agua potable, agua limpia, sino que bebían agua de salitre. Muchos hombres murieron de resultas de la disentería. Todo lo que se comía eran lagartijas, golondrinas, la envoltura de las mazorcas, la grama salitrosa. Andaban masticando semillas de colorín y andaban masticando lirios acuáticos, y relleno de construcción, y cuero y piel de venado. Lo asaban, lo requemaban, lo tostaban, lo chamuscaban y lo comían. Algunas yerbas ásperas y aun barro. Nada hay como este tormento: tremendo es estar sitiados. Dominó totalmente el hambre (lib. XII (2), cap. XXXV; 1975, p. 799).

El hecho de que los mexicanos no hayan aprovechado lo que debía haber sido una bonanza perturbó a algunos de los comentaristas. Gómara carecía de la terminología moderna, pero en esencia concluyó que los aztecas deben haber sido exocaníbales: "De aquí también se conoce cómo los mexicanos, aunque comen carne de hombre, no comen la de los suyos, como algunos piensan; que si la comieran, no murieran ansí de hambre" (cap. CXLIV). Para un estudioso de antropología de comienzos del siglo XX (Loeb 1964), esta anómala situación significaba que los aztecas solamente comían carne humana como ritual, y preferían morirse de hambre si la carne no estaba debidamente consagrada. Francamente, ambas explicaciones son lógicamente posibles, pero ese sufrir sin recurrir al canibalismo socava seriamente la tesis nutricional de Harner. Si los cuerpos humanos eran alimento para los mexicanos, el sitio debía haber sido una época de abundancia para los sobrevivientes. El único curso de acción conveniente para un teórico de orientación ecológica es ignorar este tipo de información. La laguna bibliográfica de Harner incluye también una relación escrita por un grupo de anónimos sobrevivientes tlatelolcas que escribieron sus reminiscencias siete años después de la conquista. Su versión detalla los padecimientos de los habitantes de la ciudad, y una vez más no hay mención de que durante el sitio se haya recurrido al canibalismo. Como indicación de que no se trata de "disimulo", cabe señalar que si bien los autores del texto admiten el sacrificio de los españoles apresados, no hay el menor indicio de que las víctimas hayan servido de alimento a la hambrienta población (Sahagún 1975: 813-822; León Portilla 1980: 43-61).

La victoria española terminó oficialmente con los sacrificios humanos y el supuesto canibalismo, y Harner concluye que la introducción de animales domesticados de Europa permitió a los indios abandonar sus antiguas costumbres (1977a: 123). Esta explicación va en contra del tenor de su argumentación, puesto que si el consumo de carne humana era causado por la superpoblación, el abandono de la práctica sería más probablemente resultado de la drástica reducción de la población ocasionada por la conquista. La explicación de Harner, sin embargo, sí proporciona una inconsciente justificación moral y ecológica de la colonización española de México —y no mucho más. Su examen de las fuentes básicas que supuestamente iba a poner las cosas en claro no ha hecho más que confundirlas. Parafraseando una expresión favorita de uno de los implicados, Harner ha creado una especie de tormenta en la olla caníbal al traer de vuelta a la vida a los colegas a quienes acusó de encubrir los hechos. Sin embargo, la primera respuesta fue favorable; Harris, como mentor y compatriota teórico de Harner, elogió a su antiguo protegido por su "inteligencia y valor... para resolver el enigma del sacrificio azteca" (1977: 108). Otros podrían afirmar con justicia que Harris creó el enigma, pero tendrán que esperar su turno. En una colección de ensayos populares sobre el origen de la cultura con el llamativo título *Cannibals and Kings* (*Caníbales y reyes*), Harris concluye su selección sobre los Estados prehispánicos de Mesoamérica informando a sus lectores de que el término "alta civilización" es "muy inapropiado" para caracterizar al Estado mexica (95). Con este mal uso consciente de una frase técnica sin relación con pautas morales cargadas de juicios de valor, invita al público a considerar su siguiente ensayo: "The Cannibal Kingdom" ("El reino caníbal").

Harris inicia su exposición declarando sin ambages que "en ningún otro lugar del mundo se había desarrollado una religión patrocinada por el Estado... tan completamente dominada por la violencia, la decadencia, la muerte y la enfermedad" (99), y se refiere a los sacerdotes mexicas como "matarifes rituales en un sistema patrocinado por el Estado conectado con la producción y distribución de cantidades sustanciales de proteína animal en forma de carne humana" (109). Fundamenta estas afirmaciones, que podrían provenir de la pluma de un clérigo del siglo XVI, aceptando las premisas básicas de Harner sobre la deficiencia proteínica, salpicadas con algunos apartes sobre las prácticas similares de los Tupinambá y los Hurones y juiciosas citas de lo que define como "relatos de testigos presenciales" de los conquistadores Cortés y Bernal Díaz. Igual que Harner, supone erróneamente que los sacrificios humanos en gran escala producen inevitablemente un apetito caníbal de escala correspondiente; pero otros con menos intereses personales en el asunto se han mostrado más críticos de la solución dada por Harner a su problema.

La primera apreciación seria de la argumentación de Harner fue presentada por un no antropólogo (Ortiz de Montellano 1978), que ofrece a su colega antropólogo la razonable pero incómoda observación de que suponer, como lo hace Harner, que una dieta debe necesariamente incluir proteínas de animales domesticados es "bastante etnocéntrico", puesto que se basa en la experiencia europea. Sostiene además que parte de la desnutrición que padecen los indios de Mesoamérica debe atribuirse en realidad a la sustitución de los artículos nutritivos tradicionales por elementos europeos. A continuación enumera las diversas fuentes de proteínas vegetales silvestres y domésticas que proporcionaban una dieta básica suficiente durante la época precolombina y nos revela el interesante hecho de que la chía, que era un grano básico y una importante fuente de proteínas para los aztecas, fue prohibida como cultivo por los españoles por estar estrechamente relacionada con los rituales tradicionales religiosos indígenas a que nos hemos referido en páginas anteriores. Finalmente, señala que Harner no toma en cuenta las importantes cantidades de géneros alimenticios que llegaban al imperio mexica como tributos de vecinos sojuzgados, práctica que la conquista interrumpió. En suma, su argumentación niega sobre varias bases la idea de una deficiencia proteínica y permite al lector concluir que si la hubo alguna vez, fue causada por los españoles, cuya invasión dislocó seriamente la economía y ecología preexistentes en el centro de México. Aun cuando el autor acepta sin comentarios la existencia de un canibalismo azteca anterior, sugiere que debe haber tenido una motivación religiosa, puesto que la evidencia disponible no autoriza a pesar en una escasez proteínica.

La segunda réplica en este debate contemporáneo sobre la moralidad azteca provino de otra estudiosa del área (Price 1978), quien, al igual que Harner y Harris, se proclama materialista cultural. Posiblemente como resultado del deseo de mostrar un mayor grado de sofisticación científica materialista que su adversario, la argumentación de Price es más difícil de seguir por razones estilísticas. En sus observaciones iniciales afirma que la argumentación de Harner "plantea serios problemas sustantivos, interpretativos y epistemológicos... que son exacerbados, además, por la extensión de una hipótesis destinada a explicar el modelo de la guerra organizada por el Estado, la expansión imperial y la estrategia demográfica" (98). Después de calificar el ensayo de Harner de "opaco", la autora afirma poseer un "modelo explicativo más poderoso", aunque todavía secreto, para explicar el canibalismo azteca. Este modelo parece tener algo que ver con el intento de estabilizar la estratificación y los sistemas políticos existentes en el momento, pero la autora subraya que la explicación está más allá de los propósitos de su presente artículo (105). Con el vocabulario de los devotos de una secta privilegiada, ataca a Harner por varios heréticos lapsus "émicos" y "éticos". Con respecto a mi propósito aquí su revisión de la evidencia, igual que la del más modesto y legible Ortiz de Montellano, la lleva a concluir que hay serios motivos para cuestionar la idea de que los mexicas padecían una grave deficiencia proteínica.

En forma bastante extraña, a lo largo de toda su diatriba Price cita con frecuencia las contribuciones de nada menos que el ya mencionado Harris para demostrar los errores de Harner. Llega incluso a "agradecer especialmente" a Harris por el germen de su argumentación y el estímulo para desarrollarla (114). Todo esto es bastante interesante, pero tiende a confundir al lego que trata de seguir el desarrollo de una polémica académica. Sin embargo, la situación de las alianzas académicas no afecta el valor del contenido de las respuestas, que sugiere vigorosamente que Harner se encuentra en terreno bastante resbaladizo en su tentativa de resolver el problema creado por él mismo. Ninguno de los hasta ahora directamente participantes publicados ha considerado aún que es imposible explicar adecuadamente una práctica que no está demostrado que haya existido. Las explicaciones teológicas de Sahagún para el canibalismo, que nos condujeron a esta digresión, pueden no estar muy de moda hoy entre los estudiosos, pero su información merece la atención más seria, de modo que se impone un regreso al siglo XVI.

Una evaluación apropiada de su obra exige cierta apreciación del clima intelectual de la época. Es particularmente significativo el hecho de que la recolección y el registro de costumbres indígenas, especialmente en la lengua local, era asunto delicado e incluso peligroso para etnógrafos como Durán y Sahagún. En ocasiones los manuscritos que resultaban eran prohibidos como peligrosos para la conversión y hasta sospechosos de herejía. En consecuencia las obras que eventualmente vieron la luz fueron objeto de un cuidadoso escrutinio por parte de una serie de organismos civiles y religiosos, incluyendo a la Inquisición (D'Olwer y Cline 1973). Prestar seria atención al tema de la cultura indígena era suficiente para causar alarma. Sin embargo, las evidentes similitudes entre la religión de los antiguos mexicanos y el cristianismo en la forma de algunos rituales y creencias asociadas era la zona más sensible. Por esa razón Sahagún tenía que estar constantemente en guardia. Esto se expresa en el apéndice al libro I, donde ruega a sus lectores que tengan conocimiento de la subsistencia de prácticas idolátricas que den "luego noticia a los que tienen cargo del regimiento espiritual o temporal" (1975: 64).

Sería realmente extraño que esa atmósfera no hubiera afectado el registro de la cultura azteca o no hubiera hecho a los indígenas más bárbaros —según las pautas europeas— de lo que el material autoriza. En nombre de la religión se han cometido excesos mayores que las distorsiones etnográficas, y podemos suponer que tal deformación está dentro de lo posible,

El traductor de una edición del *Códice florentino* señala que el chauvinismo representó su potencial papel en el relato de la conquista. Según Bandelier (1971), las autoridades obligaron a Sahagún a omitir ciertos "hechos" y a modificar su narración de algunos acontecimientos. Sahagún logró eludir en cierta medida esas disposiciones conservando la versión original en lengua náhuatl para futuros traductores. Por último, la historia de la obra de Sahagún es en sí un asunto complejo: la serie de acontecimientos incluye la desaparición de la primera versión, una segunda versión expurgada y finalmente una tercera versión preparada bajo la supervisión del autor. No es posible pasar por alto la posibilidad de contaminación editorial como consecuencia del gran número de mentes y de manos que participaron en la producción de la versión que conocemos.

Una evaluación meditada del *Códice florentino* y las fuentes primarias asociadas indica alguno de los problemas que plantea la suposición de la índole antropofágica de los aztecas. La sólida fundamentación académica a que a menudo se alude o que se da por sentada se evapora al ser investigada. Esto no prueba que los mexicanos no consumieran carne humana en rituales privados, ni tampoco demuestra que no recurrieran en gran escala a esa práctica como resultado de una escasez de proteínas: lo que se puede postular con cierta certeza es la proposición de que la evidencia es demasiado escasa, demasiado efímera y demasiado sospechosa, por varias razones, para sugerir una afirmación positiva sobre este tema. Lo que se puede demostrar sin lugar a dudas es la manera como la reputación de canibalismo de los aztecas se ha consolidado a lo largo del tiempo y ha sido utilizada para disminuir las pautas morales y las realizaciones culturales de ese pueblo. En un fascinante estudio histórico de la imagen azteca en las artes y letras occidentales, Keen (1971) ha mostrado cómo esa imagen ha oscilado entre la del bárbaro idiota y la del noble salvaje; sin embargo, en todos los casos ha conservado la característica de caníbal. A veces se le acusaba y otras veces se le excusaba por ello. Los aztecas han pesado gravemente en la conciencia europea: la mera existencia de una civilización tan avanzada en el Nuevo Mundo resultaba incómoda, mientras que su destrucción todavía suscita cierto sentimiento de culpa en la conciencia intelectual colectiva. En consecuencia, el canibalismo siempre ha sido un elemento clave, en cualquier interpretación o comentario de la conquista.

Los años inmediatamente siguientes a la conquista exigían

la racionalidad más fuerte y por lo tanto la más severa disminución de la cultura azteca. Pedro Mártir, a quien ya hemos mencionado como recolector de los relatos de los europeos que regresaban, inicia su exposición sobre los antiguos mexicanos afirmando que practicaban tanto el canibalismo como la sodomía, carecían de leyes y andaban desnudos. En el contexto simbólico tanto del siglo XVI como del XX, estaba diciendo que carecían de cultura, ignorando completamente la realidad. Además sostenía que no tenían la inteligencia de los seres humanos normales y eran incapaces de mejorar su suerte (Pedro Mártir 1912: 274-275). Esto implicaba a la vez que los aztecas merecían ser conquistados y que los españoles estaban justificados al imponerles un régimen colonial.

La "verdadera" naturaleza de los antiguos mexicas tenía algo más que un interés pasajero para el mundo cristiano, y en consecuencia se organizó en España un debate formal para determinar si, de acuerdo con el argumento de Aristóteles, los indios eran un caso contemporáneo de "esclavos naturales". En lo que un sensible historiador de esa época ha caracterizado como uno de los episodios intelectuales más curiosos de la historia de Europa, los máximos eruditos de la nación se reunieron para discutir y resolver la cuestión de si los indios del Nuevo Mundo eran "perros sucios" o "nobles salvajes" (Hanke 1974: 9). El concepto de canibalismo figuraba en las argumentaciones de ambas partes. La facción anti-india interpretaba la costumbre como un aspecto de la naturaleza vil y ruda de los aborígenes, que la practicaban en razón de su natural perversidad. Ignorando por completo las realidades de la guerra y la conquista, una figura importante argumentó que, puesto que los aztecas sacrificaban a veinte mil personas por año, los treinta años de dominio español habían salvado seiscientas mil vidas. Los defensores de los indios, en cambio, veían el acto como un equivocado ritual de respeto por los muertos que la verdadera fe podía fácilmente aprovechar. Según Las Casas, los indios estaban en el camino correcto, sólo necesitaban una guía espiritual. En su opinión, sus otras realizaciones demostraban que poseían una capacidad moral igual a la de los europeos. La eventual decisión surgida del gran debate, de imponer límites humanitarios al gobierno colonial, no pasó de ser académica. En la Nueva España no había dudas; las autoridades locales gobernaban a los indios con escaso respeto por las directivas de la metrópoli, y mucho menos por los debates en latín entre frailes eruditos.

Las subsiguientes interpretaciones de la cultura de los antiguos mexicanos han sido menos dramáticas que los grandes debates del siglo XVI. Un traductor de Bernal Díaz en el siglo XIX pide al lector que excuse los excesos de los españoles teniendo presentes las "repelentes abominaciones" practicadas por los indios (Lockart 1884: VI). Aparentemente la sensibilidad victoriana le impidió mencionar abiertamente los usuales "canibalismo y sodomía". Prescott, quien demuestra merecer su excelente reputación como historiador de la conquista, comenta sin embargo el "brutal apetito" de carne humana de los aztecas, que tuvo una "fatal influencia" sobre el imperio (1909: 57). Ignorando el apetito de oro de los españoles, parece implicar que los últimos en realidad fueron a la guerra para impedir a los aztecas seguir comiendo carne humana. Afirma: "Las viles instituciones de los aztecas proporcionan la mejor excusa para su conquista" (57). En la misma vena, Soustelle, el intérprete francés de la era, se refiere a los sacrificios humanos como la gran diferencia entre mexicanos y españoles (1962: 98). Finalmente, el más reciente traductor de Bernal Díaz al inglés señala que el destino de los aztecas a manos de los españoles fue "humano" en comparación con lo que "otras tribus de su misma raza o religión" podían haber deparado a los vencidos (Leonard 1970: 467).

La gradual transformación de la escasa evidencia existente sobre el canibalismo de los antiguos mexicanos es también una indicación de la continua necesidad de legitimar la conquista. La moderna historia de los aztecas por Vaillant, en general bien conceptuada, transforma la ilustración del *Códice florentino* que hemos mencionado —de un guerrero mexica devorado por los enemigos— en una ilustración de un "ritual azteca de canibalismo" (Vaillant 1965: lám. 61). Admito que es una forma posible de describir el evento, pero indica claramente que el azteca es el que come, no el comido. Prescott adorna fantasiosamente las limitadas observaciones de Sahagún con la descripción del canibalismo como "un banquete en que abundaban las bebidas deliciosas y los manjares delicados, preparado con arte para comensales de uno y otro sexo" (1909: 53). En realidad la descripción casi provoca en el lector el deseo de haber estado presente, aunque no le ocurre eso al autor de un reciente libro de texto, que califica la escena de "ebria orgía de canibalismo" al pie de la pirámide empleada para sacrificar a las víctimas (Pearson 1974: 504). La falta de evidencia es lo que permite describir la escena según la fantasía particular del autor. Sin embargo, para un antropólogo, uno de los aspectos más deprimentes del proceso es la gradual degeneración de las normas etnográficas. Sería gratificador poder pensar que la disciplina se hace más "científica" con el paso del tiempo, pero una revisión de la literatura demuestra que nada autoriza esa afirmación.

Ilustración del *Códice florentino* que muestra a un azteca capturado siendo cocinado por sus enemigos; ha sido utilizada como prueba del canibalismo azteca.

A estas alturas ya no es posible hacer nada por los antiguos mexicanos. Ya no existen. Su rápida disminución impuso la necesidad de importar esclavos de África. Keen (1971: 89) registra que a fines del siglo XVI una historia de la Nueva España escrita por un colonizador preguntaba por qué nadie abogaba por la abolición del tráfico de esclavos negros. Sin embargo opinaba que, a pesar de que los africanos también eran caníbales, eran algo superiores a los indios, porque no sacrificaban a la víctima primero. Así, a medida que un grupo de caníbales desaparecía, la mente europea iba convenientemente inventando otro que tendría que ser salvado de sí mismo por los europeos antes de que fuera demasiado tarde.

3. LOS ANTROPÓFAGOS CONTEMPORÁNEOS

Los dos casos examinados en el capítulo anterior dan pie actualmente para importantes reflexiones acerca de las realizaciones de la civilización occidental. Una conclusión que puede deducirse de la era de la conquista es que la intervención de nuestra cultura en el Nuevo Mundo produjo un lugar y un tiempo habitables por los seres humanos civilizados. Como consecuencia, los descendientes de aquellos humanizadores misioneros ocupan ahora una parte del mundo reservada otrora a antropófagos Las dos áreas culturales que consideraremos en este capítulo tienen una significación más actual.

África fue el borde más importante de la civilización occidental en el siglo XIX, mientras que en nuestros tiempos Nueva Guinea cumple una función similar. La mera mención de ambas áreas conjura inmediatamente ciertas imágenes populares del enfrentamiento entre la civilización y su contrario. Por lo tanto, este examen refleja una filosofía moral, una interpretación histórica y una ciencia más actuales. Quisiéramos creer que estas actividades intelectuales, especialmente la última, están libres de valoraciones en lo posible, pero la idea del canibalismo continúa abriéndose paso a través de estos discursos contemporáneos. El mensaje encarnado, apenas por debajo de la superficie, también a menudo difiere muy poco del que proponían los conquistadores y los frailes del siglo XVI.

Sir Edward Evans-Pritchard (1965) llevó a cabo una disección clásica de uno de esos conjuntos de literatura caníbal para un área particular de África. La disección fue hecha con tan diestra elegancia y precisión basadas en el demasiado raro matrimonio entre sentido intelectual y sentido común, que representa el único punto de entrada adecuado para una excursión por una tierra que por varias razones fue concebida otrora como el Continente Negro.

Evans-Pritchard logró completar un extenso período de investigación de campo entre 1927 y 1930 entre los Azande de África Central sin ningún incidente desagradable. Precisamente ese pueblo tenía una reputación establecida de caníbal entre otros grupos sudaneses, y esa noción había sido apoyada en las docenas de libros escritos por europeos que comentaban al pasar o en detalle el hambre de carne humana de los Azande. En su minucioso escrutinio de los esfuerzos literarios de sus predecesores, Evans-Pritchard demuestra que la mayoría de esas afirmaciones sobre el canibalismo de los Azande pueden descartarse fácilmente debido a la brevedad de la permanencia del autor en tierras de los Azande o a su incompetencia lingüística. Señala que (como en otros casos examinados antes) parte de la evidencia de segunda mano adopta la forma de conversaciones entre exploradores y nativos. Esto significa que los visitantes aprendieron la lengua azande rápidamente o bien que había Azande que hablaban inglés, alemán o italiano, posibilidad aún más improbable. En otros casos, señala que una serie de cronistas nunca pasaron siquiera por territorio azande. El defecto humano que surge con mayor claridad de la maraña de datos es una vez más la costumbre europea del plagio, antes que el canibalismo de los Azande.

Sería incorrecto no mencionar que Evans-Pritchard opina que debe haber habido alguna forma de canibalismo en la zona porque "no hay humo sin fuego" (153); sin embargo, atenúa esa impresión su estimación de que en la mayoría de los casos se suponía que el canibalismo había sido practicado por elementos extranjeros sólo parcialmente asimilados por el Estado azande. Este síndrome de "otros pero no nosotros" es bastante familiar y será considerado a su debido tiempo.

Algunos otros comentarios sobre grupos africanos son insignificantes, pero casi siempre divertidos. Un viajero fue informado por los árabes de que muchos de los grupos congoleños que ellos antiguamente se llevaban como esclavos merecían ese destino porque eran caníbales. El explorador europeo pudo confirmar esto cuando pasó después entre ellos y observó sus dientes limados. En su opinión, sólo podía haber una razón para ello. Como era un optimista, sin embargo, estaba seguro de que "hombres blancos de carácter recto" pronto "terminarían con eso" (Ward 1890: 163). Otro "conocedor del Congo" de la época no estaba tan seguro de que así ocurriera, porque pensaba que la mínima presencia europea había permitido a los africanos desplazarse más de lo que lo habían hecho antes de la dominación europea, e inocentemente habían adquirido esa mala costumbre de otros. Antes de la llegada de la civilización, argumentaba, los viajeros africanos eran comidos, de modo que la idea no podía haberse difundido (Hinde 1897: 66). Pasando al África occidental, nos enteramos por *The Tailed Head-Hunter of Nigeria* de que el pueblo entre el cual vivió el autor no practicaba el canibalismo. Sin embargo, le informaron que sus vecinos del sur no eran tan delicados, de manera que les hizo una visita. Para su gran decepción, se negaron a admitir el hecho, pero sin amilanarse por tanta falta de cooperación escribe:

> Les pregunté por qué razón simulaban haber abandonado la práctica... No querían decirme, y afirmaban que no les gustaba la carne humana, pero cuando les mostré mi brazo blanco, admitieron que podría ser mejor que pollo... (Tremearne 1912: 181).

Otro antropólogo que ha revisado este tipo de literatura sobre África concluye tajantemente que estos coloridos relatos pertenecen más al reino de la calumnia que al de la academia (George 1968: 185). En tono similar, David Livingstone consideraba la evidencia sobre canibalismo en un grupo africano que le era familiar, y concluyó con un conciso comentario: "Un jurado escocés diría: pruebas insuficientes" (1874: 98). Como Livingstone pasó buena parte de su vida adulta en África central y oriental atendiendo lo que él creía ser el bienestar espiritual y físico de los nativos entre los cuales vivió y murió, su experimentado testimonio debería tener cierto valor. Sin embargo, quienes siguieron sus huellas en rápidos viajes por el continente, como los autores citados más arriba, consideraron necesario proporcionar a sus lectores relatos de salvajismo más sensacionales.

Típico ejemplo de los últimos era Henry Morton Stanley, cuyo nombre está inextricablemente ligado al de su famoso predecesor. Aunque ambos fueron clásicas figuras románticas en su tiempo, en muchos otros aspectos no podía haber dos hombres más diferentes. Livingstone, según todos los testimonios, era universalmente aceptado por los africanos que encontraba y cumplía tranquilamente su misión. La experiencia de quien pretendió rescatarlo, Stanley, fue completamente distinta. Sus propios informes lo presentan como continuamenmente asediado, en las mismas zonas que Livingstone atravesaba pacíficamente, por las gentes más belicosas y salvajes, a quienes se veía obligado a combatir y despachar con regularidad. Según Stanley, tales grupos eran en la mayoría de los casos caníbales, interesados en la delicada carne del robusto explorador blanco. Así en *Through the Dark Continent* leemos que tenía dos guías caníbales; arrojó inmediatamente al torrento-

Ilustración del canibalismo africano del siglo XIX.

so río a dos cargadores muertos por temor de que se convirtieran en alimento para los caníbales de la región; capturó a tres caníbales en otra zona quienes según sus guías olían a carne humana; y también fue perseguido por otro grupo que gritaba en una lengua desconocida que iban a comerse a Stanley y a su comitiva (Stanley 1878: *passim*). Como de costumbre, no observó directamente actos de canibalismo, sino que su información procedía fundamentalmente de los árabes que buscaban esclavos en esa área, quienes tenían interés en desalentar la penetración de europeos en sus reservas, puesto que representaba una amenaza para su lucrativo tráfico en seres humanos. Mostrándose ecuánimes a ese respecto, los árabes también difundieron entre los grupos locales la noticia de que Stanley y sus hombres eran caníbales, lo cual podría explicar en cierta medida la recepción a menudo hostil que encontró durante sus aventuras.

Sería bastante fácil seguir presentando parte de la evidencia manifiestamente absurda sobre el canibalismo africano y concluir, como Livingstone, que no se ha probado nada. Sin embargo, esto indudablemente dejaría sospechas acerca de la existencia de material más digno de confianza. Además, la discusión hasta ahora puede haber sido entretenida, pero no resulta instructiva en el sentido de explicar cómo pudo difundirse tanto la idea del canibalismo africano. Muchos podrían legítimamente sostener, como una de las grandes figuras de la moderna antropología social, que donde hay humo hay fuego. Sin embargo la verdad del asunto es que, a pesar de la vastedad del continente, lo recogido es bastante escaso. El mejor ejemplo de canibalismo africano registrado para el cual hay más de un relator se encuentra en una obra que el comentarista más reciente ha titulado *Cannibals and Tongo Players of Sierra Leone* (Kalous 1974). Este material palidece en comparación con la extensión y significación de los datos sobre los aztecas, pero es el mejor caso que podemos obtener. En su aspecto más brillante, este estudio de caso revela los procesos intelectuales involucrados en la propagación de la idea del canibalismo africano y la forma como se mantiene en nuestra época misma.

Una idea puede adquirir y conservar un aura de verdad esencial al ser repetida una y otra vez. Este proceso dota a una idea querida de más veracidad que toda una biblioteca de hechos. Como lo demuestra tan bien el material sobre los aztecas, la documentación sólo desempeña un papel pequeño en con-

Más testimonio gráfico del canibalismo africano.

traste con el acto de reconfirmación por cada generación de estudiosos. Además, cuanto más nos alejamos del período en cuestión, mayor es la fuerza de la convicción. La incredulidad inicial se convierte pronto en admisión de la posibilidad y eventualmente en total certeza. Por lo tanto la creencia en el canibalismo africano se encuentra en una encrucijada temporal. Prevalecen las ideas vagas y las referencias dispersas, pero la entronización requiere legitimación contemporánea. Ésta es suministrada en forma clásica por Kalous (1974), quien recientemente se sintió obligado a rescatar de las tinieblas algunos datos sobre el canibalismo africano.

En opinión de Kalous muchos comentaristas europeos, guiados por un paternalismo equivocado, han disimulado algunos de los aspectos más desagradables de las culturas africanas, como los sacrificios humanos y el canibalismo. Los antropólogos que han mencionado estos y otros aspectos poco delicados los han descartado en tono neutral como adaptaciones funcionales. El resultado, sostiene, es un retrato "falsamente positivo y positivamente falso" del África precolonial. Su libro intenta demostrar que el colonialismo inglés fue una experiencia "positiva y benéfica" para el africano ordinario. Esta tesis es ilustrada por su examen del canibalismo, un "aspecto francamente brutal del pasado africano" (1974, IX-X). El autor espera demostrar la validez de su afirmación presentando sin comentarios las fichas relativas a un estallido de esta actividad de los archivos coloniales del distrito de Sherbo en Sierra Leona.

Algunas de las transcripciones literales del libro de Kalous están tomadas de los comunicados de funcionarios coloniales que informan sobre "los ocasionales asesinatos cometidos para gratificar un ansia antinatural" (22) y dicen que "el canibalismo ha estado en boga durante cierto tiempo" (38), y como cabía esperar: "Yo les expliqué los males del canibalismo..." (73). Éstos no están destinados a ser los comentarios más incriminatorios, puesto que son producto de extranjeros europeos. Es evidentemente el testimonio de africanos sobre el tema lo que está destinado a constituir la confirmación más significativa de tan negros actos. En breve orden, oímos, en las palabras de africanos innominados, frases como la sucinta "yo comí parte de la carne del muchacho" (89); la exculpadora "la hijita de mi hermana fue la primera víctima, nos comimos... todo de ella... No tenemos ninguna razón real para hacer eso, si la gente es mala no es culpa suya..." (89); la explicativa "cada miembro que recibe una porción está obligado a proporcionar otra víctima para matar... los miembros comen sus porciones. La persona se mata solamente para comerla" (104); y finalmente la conformista "me ofrecieron algo de carne... yo rehusé comer al principio pero cuando vi cuántos eran, comí..." (199). ¿Qué podría resultar más persuasivo que las declaraciones autoacusadoras de los propios caníbales? Sin embargo, el detalle contextual de estas confesiones indica que es preciso tener cierta cautela, aun en este caso aparentemente clarísimo. Como ya hemos mencionado, Kalous presenta los documentos sin comentarios, de modo que el juicio requiere ulterior elucidación por otras autoridades.

En una reciente historia de Sierra Leona, Fyfe (1962: 442) se refiere al pasar a los rumores de estallidos de canibalismo que circularon a menudo durante los siglos XVIII y XIX, y que eran recibidos con cierto escepticismo por las autoridades europeas, puesto que según los africanos los caníbales se convertían en animales para realizar sus fechorías. En realidad el gobierno impidió el castigo de los acusados de caníbales por gobernantes nativos locales, por la fragilidad de las razones. Las dos breves alusiones de Fyfe a los caníbales en este contexto son un ejemplo de la supresión de detalles negativos que tan inaceptable le resulta a Kalous. Sin embargo, el examen de ulterior información sobre este caso particular arroja dudas sobre lo que parecería ser un caso bastante seguro de canibalismo admitido por sus practicantes.

Un comentarista anterior (Alldridge 1901), con una vida entera de experiencia en esa colonia de África occidental, registra que si se pensaba que una muerte local era un asesinato motivado por el canibalismo, el jefe podía llamar al lugar a los temibles Tongo Players. Estos infames detectores del mal eran abundantemente recompensados por sus servicios de las multas impuestas a los presuntos hombres-leopardo, hombres-cocodrilo y hombres-babuino que supuestamente mataban y comían a las víctimas. Los métodos de detección de los Tongo Players eran variados, pero siempre carentes de sutileza y cualquier carácter científico. Un procedimiento obligaba a los sospechosos a retirar un trozo de hierro caliente del fondo de un caldero de aceite hirviendo: si la mano resultaba lastimada se consideraba que el sospechoso era culpable y se le quemaba vivo. Un método ligeramente más directo incluía una pieza con participación del público representada por la compañía Tongo. En este caso se administraba justicia sumariamente a medida que los miembros culpables del público eran repentinamente golpeados en la cabeza por los actores e inmediatamente arrojados a una hoguera crepitante (Alldridge 1901: 157-158). Otro temprano visitante de la región (Beatty 1915) relata varias otras acciones de este tipo de los Tongo Players, como la inmolación de ochenta sospechosos en una sola zona, incluyendo a uno de los jefes que habían invitado a esos especialistas a sus dominios. Alldridge y Beatty consideraban la supresión del "régimen de terror" de los Tongo Players, basado en las creencias nativas y las acusaciones de canibalismo, como una de las realizaciones más beneficiosas de la administración colonial. Pero no llegó a tiempo para las víctimas ni para los sobrevivientes, cuyos relatos también abundan en el compendio de Kalous. Estos últimos pueden haber escapado a la última pena, pero sus propiedades fueron confiscadas como pago por las enormes multas impuestas a las víctimas y a sus familias. Los sobrevivientes cuentan además cómo bajo tortura se confesaron caníbales, capaces de transformarse a volutad en animales y poseedores de otros poderes mágicos.

Hace falta una serie de puntos adicionales y comentarios ulteriores para completar el cuadro. Primero, es evidente que estos grupos particulares de Sierra Leona creen que los caníbales existen como confraternidades organizadas del mal. En este aspecto no se distinguen de muchas otras sociedades africanas. La imagen particular del mal en forma de hombres capaces de asumir la forma de animales es un fenómeno mental común en África (Joset 1955) y otras partes del mundo, incluyendo la nuestra (Lindskog 1954). Segundo, muchos de los actos contenidos en las acusaciones y confesiones están más allá de la capacidad humana. Los seres humanos, incluso los africanos, no pueden transformarse en animales, aunque afirmen haberlo hecho, como varios de los testigos en el libro de Kalous. Esto puede ser obvio para nosotros, pero incluso europeos en estrecho contacto con la pesadilla de otro mundo parecen perder la perspectiva normal. Un comisionado de distrito en Sierra Leona elevó un informe sobre la sociedad de hombres-cocodrilo que, a comienzos de este siglo, aparentemente era dueña de un submarino. Supuestamente el artefacto estaba formado por dos canoas colocadas una sobre otra, dejando en el interior espacio suficiente para una tripulación de devoradores de hombres. En esa forma recorrían el lecho del río hasta atrapar a una confiada víctima y arrastrarla al fondo antes de meterla en el compartimiento por una puerta con goznes. Con aire de sangre fría (a menudo el rasgo de personalidad más buscado en los futuros administradores coloniales ingleses), el autor del informe concluye: "Cómo obtienen aire, y cómo pueden abrir o cerrar la puerta con goznes cuando la canoa está bajo el agua, no puedo intentar explicarlo. Eso tendrá que hacerlo alguien que haya estado allí... La canoa se llama *Koonkoobery*..." (Kalous 1974: 73). Registrando con mayor credulidad este mismo fenómeno, Berry (1912) sugería que tal vez el espacio entre ambas canoas pudiera contener aire suficiente.

El material indica también que el canibalismo, si hubiera existido fuera del reino de las sospechas y las falsas acusaciones, no hubiera sido condonado. En efecto, muchas personas fueron ejecutadas porque se creyó que eran caníbales, o porque era conveniente considerarlas como tales. En suma, aun de acuerdo con esta evidencia el canibalismo no era una costumbre en África sino que era visto más bien como un posible crimen capital cometido por criminales. Un antropólogo que realizó investigaciones entre los Mende, en Sierra Leona, informa que la idea de antropófagos rondando en la noche todavía es corriente. Los Mende creen que cualquier persona que adquiere poder sobre otros lo logra mediante la preparación y el uso de cierta sustancia mágica hecha con grasa humana. Desde luego tal comportamiento es considerado antisocial, por decir lo menos, por lo que dirigentes políticos son frecuentemente acusados de practicar este tipo de brujería (Little 1967: 232-233). Este último factor nos lleva directamente a la consideración final. El drama de los caníbales y los Tongo Players representado en Sierra Leona es un ejemplo del fenómeno común que los antropólogos llaman *movimiento antibrujería*.

Igual que otros casos de este fenómeno, el movimiento antibrujería en el África tradicional estaba ampliamente distribuido. Este tipo de movimiento social también tuvo su expresión en Europa en la Edad Media y después, y posteriormente en la Nueva Inglaterra colonial. Tales explosiones de un sentido moral pervertido tuvieron profundas consecuencias históricas que siguen pesando en nuestra conciencia histórica. Hay una serie de configuraciones genéricas en todos los casos, pero las de mayor importancia aquí son las implicaciones políticas. Esos movimientos para restaurar el orden moral que se considera atacado surgen en épocas de crisis que pueden ser provocadas por fuerzas de muchos tipos, de las dificultades económicas a los desastres nacionales. En esos momentos de crisis de la comunidad, los cazadores de brujas surgen internamente o, más a menudo, son introducidos para descubrir a los agentes humanos considerados responsables de los problemas. Con mucha probabilidad esta situación desencadena una lucha política entre facciones de la comunidad que encuentran el escenario perfecto para la resolución de sus conflictos. Los informes relativos a los Tongo Players implican que los hombres influyentes del lugar participaban también en ese peligroso arte competitivo. En un caso, la mitad de los jefes de un territorio perdieron la vida en el subsiguiente combate. Estos incidentes, por lo tanto, culminan en una alteración del ordenamiento político en cuanto algunas figuras prominentes son condenadas por brujería y sufren las consecuencias. En África, éstas incluían normalmente la pérdida del poder o el destierro, y sólo raramente la muerte. En algunos sistemas culturales, como el de Sierra Leona y otros ejemplos africanos, el canibalismo era considerado un repulsivo crimen del acusado y se imponía la ejecución. Sin embargo, antes que como un acto real el canibalismo existía como un aspecto de ideología política, y se empleaba en el proceso de tratar de desacreditar a un rival político. Instructivos ejemplos de este tipo de situación, con paralelismos esclarecedores, se encuentran en las cazas de brujas y los movimientos antihechicería que agitaron a toda Europa entre los siglos XIV y XVI.

Hay una vasta literatura sobre este extraño accidente histórico, pero nada más esclarecedor que la sucinta visión de Trevor-Roper (1969) de una era en que ignorados millares de personas fueron quemadas por poseer malignas habilidades sobrenaturales. El valor particular de este estudio reside en su sutil apreciación de las corrientes sociales y en el sensible examen del autor de las ideas y los actos que tan tristes reflejos arrojan sobre algunas de las instituciones más veneradas de la civilización occidental. Según cuenta la historia Trevor-Roper, las autoridades civiles voluntariamente o bajo presión externa llamaban a los eclesiásticos que poseían la habilidad y los conocimientos especiales necesarios para identificar a los hechiceros. A su debido tiempo, representantes de ricos y pobres, poderosos y desvalidos, despreciados y ex respetables se encontraban contemplando desde arriba las llamas que estaban a punto de purificar sus restos mortales. Problemas políticos se resolvían cuando algunas carreras terminaban mientras otras ascendían bruscamente. Además, las familias de los acusados pagaban multas y sufrían confiscación de las propiedades que habían acumulado como resultado de las malignas actividades de su antiguo propietario. Se extraían confesiones por medio de la tortura, cuando individuos normales admitían tener poderes fantásticos y haber cometido crímenes inconcebibles. Este imperio del terror se dio a una escala en comparación con la cual parecen insignificantes los estallidos similares de Sierra Leona.

Los hechos son bien conocidos, y todos están de acuerdo en que fue ése un período deplorable de la historia de Europa. Menos bien conocida hoy es la función del tema del canibalismo, que desempeñó una parte importante en la definición medieval de la malevolencia. Extrañamente, se creía que este rasgo caracterizaba la conducta de hechiceros, satanistas, herejes y a veces judíos. Algunos de los acusados confesaron tales crímenes bajo tortura, incluyendo el haber proporcionado a sus propios hijos para banquetes caníbales (Parrinder 1963 y Murray 1970). La concordancia entre el África colonial y la Edad Media europea es sorprendente porque se utilizan los mismos símbolos de homicidio y canibalismo en el intento de concebir la última depravación humana. Los clérigos de la Inquisición europea reaparecen como Tongo Players en África, pero en ambos dramas las víctimas son la misma hermandad de hechiceros con instintos caníbales. La principal diferencia en las interpretaciones contemporáneas de estos casos es que, pese a la similitud de la evidencia, nadie afirma que millares de europeos hayan sido otrora antropófagos. En cambio, los que identificaron y persiguieron a las personas acusadas de canibalismo son ahora condenados intelectual y moralmente. En África, en contraste, se denuncia el canibalismo, y el régimen colonial, con todos sus defectos, aparece como un precursor de tiempos mejores.

No hace falta agregar mucho a esta discusión del canibalismo africano. La idea de la antropofagia en ese continente está muy difundida, pero es difícil aislar un caso digno de una investigación detallada. Esa ausencia de pruebas históricas concretas entronizada como conocimiento a la vez corriente y esotérico puede tener que ver con el hecho de que África y sus culturas tradicionales están todavía con nosotros. El período colonial efectivo en África cubre generalmente poco más de cincuenta años. Para cualquier propósito práctico, para la mayor parte del continente la era incluye sólo los años comprendidos entre el fin de la primera guerra mundial y la década de 1960. Además, la presión colonial fue desigual. En algunas regiones el impacto europeo fue casi insignificante, No hay en el África contemporánea culturas que condonen el canibalismo como costumbre o ritual público, de manera que podemos suponer razonablemente que tampoco las había a principios de siglo. Quienes crean que unas pocas décadas de ineficiente gobierno europeo por un grupo relativamente reducido de administradores y misioneros fueron suficientes para erradicar lo que creen ser una arraigada costumbre saben muy poco sobre el continente aparte del material cultural contenido en las películas. Y quienes repliquen que el canibalismo ritual ha sido y es una característica de sociedades secretas harían bien en pensar qué clase de secreto sería ése si todos estaban al tanto de la práctica. La verdad del asunto es que la idea del canibalismo africano es simplemente eso.

El caso africano estudiado corresponde estrechamente al ejemplo del Caribe, puesto que la evidencia es casi inexistente o fácilmente descartable. El siguiente ejemplo de antropofagia denunciada se asemeja en algunos aspectos al caso azteca. En este caso se supone que el canibalismo es una costumbre aún corriente, comentada por la moderna antropología social; pero también tiene implicaciones para las teorías médicas más actualizadas. Nuevamente hace falta cautela. La evidencia debe ser examinada con mucho cuidado, y una mente abierta es esencial.

Una discusión de antropófagos infames estaría incompleta sin la consideración del material de las montañas de Nueva Guinea, último laboratorio antropológico de primitivos clásicos. Hasta el contacto con seres del espacio exterior, Nueva Guinea tendrá que ser considerada la frontera cultural de la civilización occidental. El guerrero semidesnudo con un hacha de piedra sobre un hombro y un hueso de puerco atravesado en la nariz, alzando los ojos hacia la estela de vapor de la última arma de sus colegas más avanzados, es un cuadro equivalente en cierto modo a una historia del mundo en varios volúmenes.

En otra conjunción de lo simple y lo complejo, esa misma zona fue el escenario geográfico de la investigación médica que condujo a un reciente premio Nobel. El titular periodístico: "Ambos laureados encuentran claves importantes en el estudio de miembros de tribus primitivas" reúne en forma sucinta la culminación de la ciencia occidental y su contrario (Sullivan 1976). Sin duda la opinión prevaleciente tanto en la ciencia médica como en las ciencias sociales modernas es que el fatal trastorno neurológico conocido en el lenguaje local como *kuru* se contrae al comer la carne insuficientemente cocida de portadores humanos muertos de la misma enfermedad. Aun cuando los investigadores antropológicos y los médicos dan distintas explicaciones para esa conducta, todos concuerdan en que el canibalismo es un hecho de la vida. El material referente al canibalismo en Nueva Guinea en general preparará el escenario para el examen específico de los Fore y otros pueblos relacionados de las montañas, que son los sujetos de la abundante literatura sobre el *kuru.*

La etapa inicial recuerda la trayectoria a través del material africano, pues hay innumerables referencias. La principal diferencia es que en este caso no son antiguos viajeros sino antropólogos profesionales de nuestro tiempo quienes dan vida a la idea de canibalismo. Es casi imposible encontrar un libro sobre Nueva Guinea que no contenga varias referencias al canibalismo en el índice analítico. Al examinar el texto mismo todo se resuelve en las ya familiares alusiones vagas con que cada autor presenta sus obligatorios respetos a la idea.

Margaret Mead fue uno de los primeros antropólogos profesionales que hizo trabajo de campo en Nueva Guinea como parte de su investigación en el Pacífico durante las décadas de 1920 y 1930. En esta época de institucionalización de los estudios es difícil comprender qué extraordinaria hazaña personal fue aquéllo, y fácil subestimar las contribuciones de este proyecto en los años formativos de la antropología norteamericana. En su estudio de modelos culturales y de personalidad entre tres grupos de Nueva Guinea, el segundo capítulo, sobre los Mundugumor, se titula "The Pace of Life in a Cannibal Tribe" ("El ritmo de la vida en una tribu caníbal") (Mead 1950). La letra chica de la nota al pie informa al lector que la antigua práctica del canibalismo fue declarada ilegal por las autoridades australianas tres años antes de la llegada de Mead. Por consiguiente ella no encontró directamente ni esta ni algunas de las otras prácticas que describe, y advierte al lector que utiliza el tiempo presente para referirse al período tres años anterior a su llegada (164). Así, cuando dice que los Mundugumor son caníbales, lo que quiere decir en realidad es que eran caníbales en el sentido de que tenían esa reputación, pero ella nunca fue testigo de un acto de canibalismo. Concretamente, ella se enteró de la pasión de los Mundugumor por la carne humana por sus vecinos los "amables Arapesh".

Además de establecer el modelo literario, Mead fue además la primera de una larga serie de antropólogos que demostraron en Nueva Guinea su capacidad de vivir entre comedores de gente sin perder la vida ni miembro alguno. Un visitante más reciente de la zona debe ser considerado aún más afortunado, pues los "caníbales" Jalé, entre los cuales vivió por algún tiempo, según informes se comieron a "dos misioneros blancos" en un remoto valle dos años después de su partida (Koch 1970a: 41; cf. también Koch 1970b y 1974). El autor tuvo conocimiento de las inclinaciones antropofágicas de los nativos antes de su viaje, por las obras publicadas por los misioneros. Si bien ofrece una minuciosa descripción de cómo preparaban y comían los Jalé a sus enemigos muertos, ésta proviene de un informante, puesto que la costumbre ya no era observable. El autor nunca comenta directamente este hecho, pero cabe suponer que, con excepción de una deplorable recaída, la práctica había sido eliminada años antes por las autoridades (Koch 1974).

La lista de los caníbales de Nueva Guinea y de los cronistas de su nunca observada práctica es casi interminable. Entre los muchos candidatos merecen mencionarse, por lo menos, los Asmat, entre los cuales fue visto por última vez Michael Rockefeller (Zegwaard 1968) y los Kulai, tema de una de las publicaciones más recientes sobre trabajo de campo entre presuntos caníbales. El autor escribe que la mayoría de los miembros adultos de esta tribu han visto algún miembro humano en una parrilla sobre la lumbre, para ahumarlo, y agrega entre paréntesis: "(si es que no han comido carne humana ellos mismos)" (Schieffelin 1976: 121). Como de costumbre, la tentación de sazonar el material resultó irresistible. Finalmente, existe otro reciente informe antropológico que afirma descaradamente que el grupo estaba tan avergonzado de su canibalismo que lo ocultó por respeto a la sensibilidad de los misioneros europeos. El texto incluye además los comentarios de un oficial de patrulla del gobierno sobre esos caníbales: "Ellos niegan que coman carne humana, aunque el intérprete me dijo que no les creyera" (Hallpike 1977: 209-210).

A medida que nos concentramos en el área del *kuru* en las montañas, las normas académicas parecen funcionar como un ideal caso olvidado antes que como un procedimiento operativo habitual. Antropólogos con bien fundadas reputaciones basadas en investigaciones y publicaciones anteriores se convierten en víctimas de su propio sensacionalismo o de su mala formación académica. La convergencia en este caso de hipótesis tanto médicas como antropológicas sobre la existencia del canibalismo prepara el camino para asombrosos saltos de la fantasía y la exigencia de que el lector los acompañe. El libro *Excess and Restraint* de Berndt (1962) sobre los Fore, que padecen de *kuru,* es un caso típico, y su título, "exceso y moderación", es justo sólo en el sentido de que en el terreno intelectual tiene demasiado de lo primero y demasiado poco de la segunda. En las referencias del autor a los "excesos" figura de manera prominente el canibalismo de los Fore, pese a que él mismo dice que la costumbre desapareció justo antes de su llegada en 1951. Las prolongadas y excitantes descripciones de actos caníbales y sexuales, a menudo combinados, surgieren que antes de la llegada del autor no había nada que excediera a la imaginación y la práctica de los Fore. Indudablemente, si hubiera algo así como una perversión caníbal para acompañar la variedad sexual, la palabra "Fore" sería un sinónimo de la idea. Sin embargo, sería necesario imponer cierto sano escepticismo intelectual antes de poder aceptar las declaraciones de los informantes, tal como las presenta Berndt, como descripciones veraces de acontecimientos reales.

Por ejemplo, se pide al lector que acepte una situación en que un hombre copula con un cadáver de sexo femenino mientras su esposa simultáneamente descuartiza el cadáver para asarlo. Infortunadamente para él, el hombre todavía está ocupado cuando su mujer llega allí con el cuchillo, de manera que le corta el pene. Comprensiblemente molesto, pero mostrando una ecuanimidad extraordinaria, él exclama: "¡Ahora me has cortado el pene! ¿qué voy a hacer?" En respuesta, su esposa "se lo metió en la boca y se lo comió..." (283).

Es una pena severa por el adulterio, pero ¿es posible que el comportamiento de los Fore, para no hablar de su fisiología, esté tan remotamente alejado de lo que nosotros y el resto del mundo aceptamos como conforme a pautas comunes? Una doble dosis de canibalismo con sadismo y necrofilia en un solo acto hacen que resulte difícil determinar cuál de las sensibilidades del lector ha sufrido más. Sin embargo, un instante de reflexión sugiere que el objeto primario de este ataque ha sido el sentido común. El nivel académico mientras tanto ha pasado a ser una consideración insignificante, a la vez que el sensacionalismo se convierte en ideal. Quienes afirmen que debemos aceptar la palabra del autor de que todo esto realmente sucedió deberían considerar la obra de los siguientes estudiosos, más objetivos, del material etnográfico.

Berndt remite además al lector a ejemplos de conducta "caníbal" similar contenidos en el estudio de Landtman (1917) *The Folk Tales of the Kiwai Papuans*. Además de que los Kiwai están a centenares de kilómetros de los Fore, Landtman declara explícitamente en su introducción que su material consiste en cuentos populares, no en descripciones de acontecimientos. Por consiguiente, sus datos no confirman en modo alguno el material de Berndt. Su excelente etnografía (Landtman 1972) de la cultura kiwai, publicada diez años después y resultado de dos años de trabajo de campo, no hace mención de canibalismo entre los Kiwai. Más bien su detallada discusión de la muerte indica elaborados rituales y gran deferencia hacia el difunto, quien es enterrado con sus mejores ropas y adornos entre un gran duelo. Lejos de comérselo, su esposa visita y cuida su tumba durante mucho tiempo. Además, como indicio del temor a la contaminación asociado con los muertos, la cama y la plataforma funeraria del difunto son quemadas. Finalmente, todos los que han tenido contacto con el cadáver deben pasar por una purificación ritual antes de reanudar su vida social normal (254-266). Sin embargo, el autor sí señala que un informante kiwai le habló de un pueblo vecino donde no sólo cocinaban y se comían a sus muertos sino que en ocasiones apresuraban el deceso por temor de que la grasa del cuerpo disminuyera antes de que pudiera ser puesta al servicio de los vivos. El informante añadió que eso se hacía en secreto, y que cualquier extraño que acertara a presentarse en tan macabras ocasiones sería muerto (267). Lo mejor podría ser concluir con la caritativa idea de que la ingenuidad impidió a otro etnógrafo comprender que ese pueblo vecino era en realidad el que habita los cuentos populares de los Kiwai.

No serviría de nada analizar más extensamente la monografía de Berndt sobre los Fore. El libro ya ha señalado algunas de las potenciales limitaciones de la antropología contemporánea en Nueva Guinea. Subsiguientes investigaciones de otros ayudan a restaurar el sentimiento de confianza y permiten una consideración más positiva del problema. Éste es también el mejor momento para empezar a hablar de la evidencia etnográfica y médica de canibalismo considerando con mayor detalle la enfermedad llamada *kuru*. Emprendo esta tarea con el sentimiento de modestia que me inspira la existencia de una bibliografía de doscientas páginas sobre el tema, con más de mil quinientas citas de literatura científica y etnográfica (Alpers *et al.* 1975). La tarea se vuelve posible porque lo único que me interesa es el papel que según se sospecha desempeña el consumo de carne humana en la transmisión de la enfermedad.

El conjunto de esa literatura está fuera del alcance y el dominio de un individuo aislado. El procedimiento que adopté consistió en adquirir en primer término una idea general del material médico a través de una cuidadosa lectura de los resúmenes más instructivos y actuales. Segundo, revisé algunas de las primeras publicaciones con el fin de establecer cómo llegó a hacer su significativa aparición la idea de que el canibalismo podía ser el agente de transmisión de la enfermedad. Tercero, consideré todo el material etnográfico de importancia a la luz de los supuestos médicos pertinentes. Cierta base etnográfica y médica permitirá comprender mejor los puntos siguientes más detallados.

En el área en cuestión, la zona oriental-central de tierras altas, los europeos no penetraron hasta 1932, cuando los ya familiares aventureros, esta vez en forma de buscadores de oro y misioneros protestantes, hicieron su aparición. Pero el estallido de la segunda guerra mundial impidió que hubiera otra cosa que contactos esporádicos con los grupos habitantes de la zona hasta 1950.

A pesar de las diferencias lingüísticas existentes, para nuestros propósitos podemos considerar que la zona alta comparte modelos sociales, culturales y ecológicos comunes, que incluyen una variada dependencia del camote, un "complejo del puerco" particularmente evidente en ocasiones ceremoniales, "grandes hombres" antes que funcionarios designados y guerras entre las aldeas, combinadas con un sistema de alianzas. A nivel local, las comunidades normalmente contenían al máximo unos pocos centenares de personas que afirmaban algún tipo de vínculo de parentesco con todos los demás, basado en la descendencia o el matrimonio. Tradicionalmente, las aldeas estaban rodeadas por una empalizada, y los hombres adultos y muchachos vivían en una casa de hombres, mientras que una mujer casada, con sus hijos varones pequeños y sus hijas, residía en una casa privada. Antes del contacto, las mujeres y los niños eran los encargados de la agricultura y el cuidado de los cerdos, mientras que los hombres se dedicaban a las artes políticas y militares. Finalmente, entre los Fore y los grupos lingüísticamente próximos que sufren de *kuru,* se suponía además que eran las mujeres las caníbales.

La palabra *kuru* significa "temblor", pues éste es el primer y más visible síntoma de la enfermedad, que según los Fore es causada por hechicería. De acuerdo con sus creencias, un hechicero utiliza alguna sustancia corporal o un objeto personal de otro que, al ser colocado en un pequeño envoltorio con sustancias mágicas y sacudido a intervalos regulares, hace que la víctima contraiga el *kuru* y eventualmente muera de él. La única cura es identificar al culpable y obligarlo a suspender sus actividades, pero rara vez tiene éxito, pues en casi todos los casos el enfermo muere. La ciencia occidental prefiere creer que esta afección pertenece a la recién identificada categoría de las enfermedades de "virus lento", no sabe con certeza cómo se contrae y no tiene cura para ella, por lo que la muerte del enfermo se da por sentada. Así, sobre el vital problema de la vida y la muerte, la diferencia entre salvajes y civilizados no es profunda.

Igual que la de muchos otros descubrimientos científicos, la historia del *kuru* se desarrolla como una novela de misterio de primera clase. Además del crimen, hay un obvio culpable acechando en alguna parte, una multitud de claves, pistas falsas, retrocesos decepcionantes y naturalmente un detective y sus compañeros. La historia contiene también los cabos sueltos que tan a menudo incomodan a los aficionados a este género literario, pero sólo pueden ser saboreados después de haber leído el relato entero. En este caso, empieza con la aparición del médico D. Carleton Gajdusek, personaje central de la obra y tan pintoresco como el sabueso de cualquier escritor.

El futuro premio Nobel llegó a Nueva Guinea en 1957 sin otro propósito que cierto sentimiento de aventura y curiosidad después de un período de dos años en Australia como miembro visitante de un instituto de investigación. Mientras visitaba las montañas conoció casualmente a Vincent Zigas, funcionario médico local, quien presentó a Gajdusek los Fore y el *kuru.* Aunque estaba en camino de regreso a los Estados Unidos, Gajdusek se interesó lo suficiente para permanecer diez meses entre los Fore investigando esa extraña enfermedad. Eventualmente él y sus asociados publicaron una veintena de artículos, y Gajdusek publicó también sus cartas desde el campo a su superior nominal en la burocracia médica federal de Washington (Gajdusek 1976). En conjunto este material ofrece al extraño una oportunidad sin precedentes de seguir el drama científico y personal.

El *kuru* se mencionó por primera vez en los informes de rutina de oficiales coloniales australianos de patrullaje que administraron la región hasta la independencia. Berndt fue el primero en describir los síntomas, que además del temblor incluyen la euforia, en una serie de artículos que presentaron a los Fore al mundo antropológico. En esta serie, en otros aspectos informativa, definía el *kuru* como un desorden psicosomático provocado por el *shock* del contacto con el mundo europeo (Berndt 1952 y 1954). Zigas, sin embargo, sabía que casi el cien por ciento de los afectados morían en un lapso de doce meses desde la aparición de los síntomas, y su argumentación tuvo mayor influencia sobre Gajdusek. Previamente Zigas había tratado de interesar a la jerarquía colonial y médica australiana en ese fenómeno, aunque sin resultado. En contraste, Gajdusek inmediatamente comprendió la potencial significación de la situación y aprovechó la oportunidad. Escribió en seguida a Washington, informando a su contacto que se proponía residir en las montañas de Nueva Guinea entre "grupos tribales de caníbales" que eran capaces de comerse hasta el cuerpo de alguien que había muerto de la misma enfermedad que él había resuelto estudiar (Gajdusek 1976: 50). Como indicio de su dedicación, digamos que agregaba que no tenía dinero para esta inesperada investigación ni fondos personales a excepción de algunos ahorros que empezaría a gastar. Solicitó y más tarde recibió, como signo financiero de los tiempos, mil dólares para financiar sus actividades con el consejo no solicitado del oficial administrativo de que ya era hora de que sentara cabeza y aprendiera a cuidar de sí mismo. El autor de este sabio consejo y destinatario de muchas de las cartas de Gajdusek era un amigo bienintencionado instalado en la burocracia de Washington. No es sorprendente que aparezca poco en los subsiguientes avances científicos. Con tan escasos fondos y estímulo, Zigas y Gajdusek emprendieron la investigación sistemática del problema.

La investigación no era simple ni fácil. El aspecto epidemiológico imponía arduos recorridos a pie por zonas ignotas a fin de conocer la distribución e incidencia de la enfermedad, mientras que el tratamiento de los pacientes y las correspondientes investigaciones se llevaban a cabo en un hospital apresuradamente armado con materiales locales. Los dos directores pronto confirmaron sus sospechas de que se enfrentaban a una misteriosa enfermedad antes que a una expresión peculiar del *shock* cultural. También supieron que el área del *kuru,* de aproximadamente 600 km cuadrados, abarcaba sólo el territorio fore y segmentos del de algunos grupos montañeses adyacentes, pero entre ellos la enfermedad hacía estragos de proporciones epidémicas. En pocos meses Gajdusek y Zigas lograron aislar doscientos casos en un área donde había veinte mil personas, indicio de que el 1% de la población estaba afectada, lo que significaba que el *kuru* era responsable de la mitad del total de muertes de ese año. La epidemiología de la enfermedad era el aspecto menos importante del problema, comparada con los problemas de su origen y trasmisión.

La restricción de la enfermedad únicamente a esa zona de las montañas sugirió inmediatamente la posibilidad de un factor genético heredado que resultara en una degeneración del sistema nervioso central. Si los síntomas hubieran aparecido al azar en relación con la edad y el sexo, el caso hubiera sido sencillo, pero había un problema que perturbaba esa hipótesis genética: en esa época había quince casos de *kuru* en mujeres por cada hombre afectado, mientras que entre los niños sólo aparecía después de los cuatro años y medio, pero la proporción de víctimas por sexo era igual. Además había cuatro enfermos adultos por cada niño. Para decirlo sencillamente, el *kuru* parecía ser fundamentalmente una enfermedad que atacaba a las mujeres adultas y en menor medida a los niños de ambos sexos. (Gajdusek 1968: 165, y 1976: 142). El hecho de que hombres adultos también sucumbieran, aunque sólo raramente, implicaba que la hipótesis genética por sí sola no podía explicar adecuadamente el problema. Podía haber una predisposición genética, pero solamente operando en conjunción con otros factores desconocidos que tendrían que ser determinados por otros medios.

Había además otro problema con la hipótesis genética, que se relacionaba con la historia de la enfermedad según fue proporcionada por informantes fore. El equipo médico consideró con cierto detalle esta línea de investigación, pero luego descartó el problema considerando que surgía de datos poco dignos de confianza (Gajdusek y Zigas 1961). Los Fore, que según admite Gajdusek proporcionaron información notablemente coherente sobre la incidencia de la enfermedad, dijeron que el *kuru* cobró sus primeras víctimas a principios de este siglo. Gajdusek y Zigas llegaron a la conclusión de que ese tipo de ubicación cronológica estaba fuera del alcance de un grupo que no tenía calendario ni registros escritos. Sin embargo, esa opinión no fue compartida por antropólogos con experiencia entre los Fore, que más tarde colaborarían en la proposición de una explicación para la desequilibrada proporción de la enfermedad por sexos.

Estando en el campo, Gajdusek y Zigas buscaron claves ambientales que pudieran ser responsables de desencadenar la enfermedad. A medida que se extendía el interés por el proyecto, se les unió un especialista en nutrición que sometió la dieta de los Fore a un análisis intensivo en busca de agentes tóxicos o alguna otra peculiaridad nutricional. Botánicos y entomólogos hicieron intensas investigaciones de la flora y los insectos locales que formaban parte de la dieta normal. Todas esas pistas resultaron inútiles, pero la especulación continuó. El hecho de que las mujeres y los niños pasaran más tiempo en las chozas llenas de humo pareció prometedor hasta que pruebas de laboratorio de las cenizas no pudieron descubrir ningún elemento tóxico. Mientras tanto, los dos investigadores trataban de examinar a todos los enfermos de *kuru* e irónicamente pagaban por los cadáveres de víctimas del *kuru,* a los que sometían a toscas autopsias en el lugar mientras que los líquidos y órganos vitales del cuerpo, especialmente secciones del cerebro, eran enviados a los Estados Unidos para análisis más refinados. Aunque de esto surgió mayor información acerca del carácter y los síntomas de la enfermedad, no aprendieron nada sobre su causa. Gajdusek no ofrece información directa acerca de qué pensaban los Fore de todo eso, pero sí menciona que a medida que pasaban los meses se convirtieron de sujetos de investigación cooperadores en recalcitrantes (1976). Un observador objetivo de otro planeta, sin conocimiento previo de las costumbres de los Fore ni de los occidentales, no hubiera tenido mayor dificultad para concluir cuál de los grupos tenía un interés inexplicable por los restos mortales humanos.

Sin embargo, no sucedería así, pues a su debido tiempo la etiqueta de caníbales fue aplicada con firmeza a los Fore. El proceso por el cual se llegó a eso, sin embargo, también fue vago y ambiguo. Una cuidadosa lectura de los numerosos informes publicados por los directores no siempre proporciona una versión clara de los acontecimientos. Si se inicia la reconstrucción con un conocimiento previo adquirido de las declaraciones más recientes, con su fijación en el canibalismo, y se trabaja hacia atrás, se alcanzan resultados inesperados. Vale la pena seguir ese camino, pues cuando yo empecé a considerar el problema general del canibalismo me dijeron que no necesitaba dar un paso más, puesto que un científico había demostrado que una extraña enfermedad de Nueva Guinea se transmitía por medio del canibalismo. La subsiguiente concesión del premio Nobel por esta investigación hubiera debido ser suficiente para convencer a cualquiera de la validez científica de la idea del canibalismo, pero no fue así.

La correspondencia de Gajdusek (1976) desde el campo en 1957, a la que ya hemos hecho referencia, ofrece el mejor punto de acceso al flujo de las ideas. Como hemos indicado, la primera carta definía a los Fore como caníbales, y probablemente lo mejor sea suponer que Gajdusek adquirió esa idea de la opinión corriente, puesto que sólo llevaba unos días en el lugar cuando escribió esas palabras. También cabe razonablemente suponer que no vio evidencia efectiva de canibalismo en los diez meses, pues de lo contrario hubiera mencionado el hecho, aunque en dos ocasiones se refiere a informes sobre antropofagia. En un caso, escribe que uno de sus amigos fore le dijo que un pariente suyo se había comido a un abuelo común. Sin embargo, Gajdusek añade que es poco probable que todos los enfermos de *kuru* pudieran haber comido cerebro o ectodermo humanos infectados, y concluye: "Es un concepto tan único, y tan romántico, que casi desearía que el canibalismo fuera más prevaleciente de lo que es" (243). Más tarde reconsideró la idea y nuevamente la excluyó (300). Pese a esas exclusiones, la significación del canibalismo figura en cartas que recibe de colegas de los Estados Unidos, instándolo a considerar algo en la dieta de los Fore o posiblemente algo que se consumía en una ceremonia (191, 253). Su cauto colega gubernamental al que nos hemos referido antes también empezó a preocuparse por la posibilidad de que algún indígena pudiera "volver al canibalismo" y comerse el cerebro de Gajdusek, que estaba atiborrado de vitales datos científicos no registrados. Aconsejó a Gajdusek que terminara su trabajo y regresara "a casa de una vez" (177).

No convencido aún por tan sano consejo, Gajdusek se quedó, con la esperanza de dar con la causa y el medio de transmisión del *kuru*. Además él y Zigas empezaron a presentar sus resultados preliminares a publicaciones médicas, y vale la pena señalar de pasada que el primer trabajo anunciando el descubrimiento de la enfermedad fue rechazado por el editor de una prominente y muy leída revista científica. La nota que apareció en la misma publicación cerca de veinte años después saludando el genio de Gajdusek y su premio Nobel naturalmente no mencionaba aquel minúsculo hecho (Marsh 1976). En forma casi increíble, el primer informe pasó a duras penas por la junta editorial de una revista médica seria pero regional, donde poco después vio la luz del día. En todas las primeras publicaciones los Fore son caracterizados como "caníbales de Nueva Guinea", pero en esa época no hay ninguna sugerencia de que el canibalismo tuviera alguna relación con la enfermedad (Gajdusek y Zigas 1957; Zigas y Gajdusek 1957; Zigas y Gajdusek 1959; Gajdusek y Zigas 1961; Gajdusek 1963, y Alpers 1966). En realidad, en 1965 Gajdusek escribió que había considerado la posibilidad de una relación entre la enfermedad y el canibalismo pero pronto había descartado esa improbable idea, pues no había evidencia de que los enfermos de *kuru* participaran siquiera en actos de ese tipo (Gajdusek 1965). Algún tiempo antes había informado que la "extraña hipótesis" del canibalismo como agente de transmisión no era apoyada por los análisis de laboratorio (Gajdusek 1963: 162). Sin embargo para 1970 Gajdusek y otros ahora asociados al estudio del *kuru* discutían el canibalismo en rituales como "un extraño modo de transmisión" (Gajdusek 1970: 128), calificando eso de "hipótesis razonable" (Gibbs y Gajdusek 1974: 45), y diciendo que la supresión del canibalismo ofrecía un medio de explicar la declinación de la enfermedad (Alpers 1970: 136). La rotunda media vuelta sobre este problema se produjo por varias razones.

Hasta 1965, Gajdusek y sus asociados estaban tentativamente comprometidos con la idea de una predisposición genética activada por un agente ambiental para explicar el origen del *kuru*; por lo tanto, la idea del canibalismo no era una hipótesis necesaria ni particularmente atractiva. Sin embargo, esa orientación fue atacada por diversos especialistas en una serie de frentes. En general eran de la opinión de que lo que se sabía acerca de la enfermedad, especialmente en cuanto a las proporciones de enfermos por edades y sexos, no concordaba con el conocimiento médico y científico existente en el campo de la genética (Hornabrook 1975: 84-85).

Simultáneamente algunos antropólogos, más aptos para considerar la relación entre fenómenos culturales y fenómenos médicos, minaron aún más la posición genética y empezaron a tender conexiones tentativas entre la posibilidad de la existencia de canibalismo entre los Fore y el *kuru* (Fischer y Fischer 1960, 1961 y 1962). Aunque todavía no había sido identificado, ya en esa época había sospechas de que el causante del *kuru* podía ser un virus y por lo tanto la enfermedad podía contagiarse por contacto estrecho en una serie de maneras. Con la creciente notoriedad y potencial significación científica de la enfermedad, otros dos antropólogos sociales establecieron su residencia entre los Fore, previamente estudiados por Berndt, para investigar los efectos sociales y culturales del *kuru* sobre la población. En una serie de informes, el miembro principal del equipo empezó a introducir con más vigor la idea del canibalismo como agente de transmisión del *kuru* (Glasse 1962, 1963, 1967 y 1970). Mientras tanto Gajdusek había regresado a los Estados Unidos, y en colaboración con otros logró trasmitir la enfermedad, en el laboratorio, de tejido cerebral humano infectado de una víctima del *kuru* a un chimpancé, demostrando que la enfermedad era causada por un virus activo antes que por una debilidad genética (Gajdusek *et al.* 1966). La fijación antropológica en el canibalismo se volvió por consiguiente más compatible con los experimentos de laboratorio.

La cuestión, como siempre, es: ¿qué evidencia existe en apoyo de la idea ahora prevaleciente de que el canibalismo, en oposición a otras formas de estrecho contacto, es el principal medio de trasmisión de la enfermedad entre los Fore? (Glasse y Lindenbaum 1976, Gajdusek 1977a). Como siempre, las pruebas son circunstanciales, puesto que ningún extraño había observado nunca canibalismo entre los Fore. Como ya se ha dicho, Berndt (1962) señalaba que la costumbre había sido eliminada tres años antes de su llegada a comienzos de la década de 1950, mientras que Glasse escribe que fue suprimida cuatro años antes de su llegada a fines de esa misma década (1967). En lugar de suponer, como lo autoriza la información anterior, que el canibalismo conoció esporádicos resurgimientos cada vez que no había antropólogos cerca para observarlo, podemos concluir que, si alguna vez existió, ya no existía cuando llegaron los etnógrafos. El resultado fue que Glasse y Lindenbaum se basaron en la muy personal discusión de Berndt del material, el hecho de que los Fore tenían fama de comerse a sus muertos entre los grupos vecinos, el informe impar de que una persona se había comido a otra y la creencia de los hombres de que "la gran mayoría de las mujeres" eran caníbales (Glasse 1957: 751). Hay otros factores que, sumados a la suposición de canibalismo, dan como resultado un caso bastante fuerte y consistente en apoyo de esa particular hipótesis sobre el modo de trasmisión. Primero, Glasse (1962) sostiene que los Fore se hicieron caníbales a principios de este siglo, lo que concuerda con sus declaraciones acerca de la primera aparición de la enfermedad. Segundo, la idea fore de la inclinación de las mujeres solamente a comer carne humana explicaría la distribución de la enfermedad por sexos y edades, puesto que es probable que una madre diera tejido infectado de una víctima humana a niños de cualquier sexo. Tercero, ha habido una gradual disminución de las muertes por *kuru* desde el apogeo de la enfermedad en 1961, inmediatamente después de la aparición de una efectiva presencia europea que habría eliminado los restantes vestigios de canibalismo. Tomados en conjunto, estos factores producen una clara asociación entre dos fenómenos. Sin embargo, hay espacio para la cautela. En primer lugar, según las normas de cualquiera, se trata solamente de una asociación, no de una relación de causa-efecto demostrada. Segundo, la asociación se establece entre la desaparición de un acto que nunca fue observado y lo que en ciertos aspectos todavía sigue siendo una enfermedad misteriosa.

Hay aún más problemas con la hipótesis de que el *kuru* se trasmite comiendo carne humana insuficientemente cocida. Antes que aceptar en forma acrítica la opinión indígena de que sólo las mujeres y los niños son caníbales, parecería razonable indagar si esto no podría ser una afirmación simbólica acerca de las mujeres, en un área cultural famosa por el antagonismo sexual y entre un pueblo específico que ha elevado el proceso al nivel de un arte cultural (Lindenbaum 1976). Además, aunque en un lugar Glasse (1967) ofrece una detallada descripción de cómo el carnicero fore prepara los cadáveres, en una posterior publicación de ese autor y otro (Glasse y Lindenbaum 1976) nos enteramos de que se llama a especialistas para preparar a los difuntos para su entierro, porque el contacto con cadáveres es considerado peligroso. Las contradicciones implicadas en esto merecen reconocimiento y evaluación. Cómo es posible que un cuerpo humano pueda ser considerado comestible y peligroso a la vez es un enigma, a menos que posiblemente los hombres supongan que es natural en las mujeres romper los tabúes más básicos. Esta actitud sería coherente, sin embargo, en una sociedad con un sistema de oposiciones simbólicas en que las mujeres "como los rojos árboles pándanos, sólo están parcialmente domesticadas" (Lindenbaum 1976: 56). Como no son completamente humanas, son susceptibles de regresar a un estado de naturaleza.

Una publicación anterior de Berndt (1958) y otra algo posterior de Glasse (1970) apoyan la idea de que parte del material cultural debería ser sometido a un análisis simbólico antes que aceptado como real tal como se presenta. Como se ha mencionado, según la opinión de los Fore el *kuru* es resultado de un tipo de brujería, y la discusión de dos casos típicos con informantes muestra una "fórmula estilizada" de una mujer Fore que incorporada por casamiento a un grupo vecino y hostil, es muerta por brujería en la comunidad de su marido y "luego comida por sus asesinos" (Berndt 1958: 12-13). Demasiadas visiones sobrenaturales similares de la relación entre malhechores y canibalismo prevalecen en otras partes de Nueva Guinea y del mundo para que podamos aceptar eso como evidencia de una actividad humana real. Otro antropólogo informa que entre un grupo vecino, la mitad del apreciable número de homicidios incluye una víctima de sexo femenino que ha sido sospechosa de haber matado y comido a alguien por medios sobrenaturales. El mismo autor señala que la propia índole del crimen no permite considerar evidencia efectiva, pues no existe ninguna (Steadman 1975).

Otra fuente de desconfianza razonable hacia la hipótesis del canibalismo es el hecho de que entre los Fore a cada muerte sigue un banquete funerario con matanza de puercos y distribución de carne y verduras (Glasse y Lindenbaum 1976). Este período de abundancia de proteínas animales parecería ser el momento menos adecuado para recurrir al canibalismo. Finalmente, si el miedo a la contaminación ritual y la disponibilidad de una fuente de carne aprobada no fueran causas suficientes para inspirar cautela con respecto a la creencia en la trasmisión del *kuru* por ingestión, el descubrimiento de que está muy estrechamente relacionado en el hombre con la enfermedad de Creutzfeld-Jakob impone una perspectiva más comparativa. Aunque rara, esta segunda infección viral no convencional se encuentra distribuida por todo el mundo, lo que plantea la pregunta obvia de cómo se transmite la enfermedad en otros lugares. Tras discutir el canibalismo como una forma "razonable" de explicación del problema del *kuru,* Gibbs y Gajdusek (1974) concluyen que no existe una hipótesis similar que explique la trasmisión de la enfermedad de Creutzfeld-Jakob. Hasta ahora nadie ha sugerido que ésta y otras misteriosas enfermedades de virus lento, entre las cuales se cuentan la enfermedad de Parkinson, la esclerosis múltiple y algunos tipos de sarampión (Gajdusek 1977), se trasmitan en el mundo occidental por medio del canibalismo. Sin embargo, esa hipótesis no presenta ningún problema cuando la población afectada son los habitantes de las montañas de Nueva Guinea. Esto es congruente con el tono teórico general de buena parte de la literatura antropológica sobre esa zona, que disminuye efectivamente las realizaciones culturales de sus habitantes. Por ejemplo, un conocido estudio de un sistema religioso de esa área (Rappaport 1968) es fundamentalmente un tratamiento de la relación entre ecología, nutrición y rituales. El significado subjetivo y el contenido de la religión, que son fundamentalmente productos de la mente humana antes que del ambiente, reciben comparativamente muy poca atención. Cuando los parámetros ecológicos se vuelven más importantes que los intereses culturales en los estudios antropológicos, la idea del canibalismo como respuesta adaptativa a la escasez de proteínas llega a ser una visión coherente y razonable de la naturaleza humana en esa parte del mundo, como lo ha sido para otras.

Como se ha sugerido desde el comienzo de esta discusión, hay una serie de cabos sueltos todavía si uno está dispuesto a proceder con mente abierta. La existencia de hipótesis científicas no debería impedir a otros reflexionar sobre el problema, especialmente si la posición actual se basa en una mezcla de información especulativa procedente de varias disciplinas. Nuevamente, en este caso es imposible probar que el canibalismo no es un factor en el síndrome de *kuru*. Con todo, he tratado de mostrar que, antes que una firme posición científica sobre el canibalismo, la situación incluye una hipótesis basada en pruebas circunstanciales. Además hay algunas contradicciones en la etnografía, y el material mismo se presta a otras interpretaciones.

La sugerencia de algunas explicaciones posibles del *kuru*, con base en modestos conocimientos corrientes, permite llegar a una conclusión más positiva. En forma sorprendente, nadie ha considerado seriamente la posibilidad de que la presencia de europeos en la zona haya sido responsable de la iniciación de la epidemia a principios de siglo. La llegada de los dos primeros europeos en 1932 no niega la posibilidad de que la enfermedad hubiera penetrado años antes por caminos y mediadores indirectos. En realidad, las estadísticas relativas a la enfermedad muestran un aumento a medida que aumenta el contacto con forasteros, hasta el máximo de 1961, y luego una declinación gradual (Glasse 1962). La disminución de la mortalidad coincide también con modificaciones radicales en todos los aspectos de la vida de los indígenas, desde las prácticas higiénicas hasta el ordenamiento doméstico, a medida que los Fore fueron embestidos por los emisarios y la tecnología europeos. Esto significa que hay numerosas asociaciones entre los cambios en las costumbres de los Fore y la tasa de mortalidad. A la luz de los obvios reordenamientos culturales y las nuevas experiencias, es extraño que investigadores científicos se hayan aferrado a una correlación entre algo que nunca fue visto y otro fenómeno tan meticulosamente estudiado y medido.

Una de las más profundas alteraciones en los patrones sociales de los Fore, resultantes del contacto con europeos se refiere a nuevas disposiciones domésticas; el marido-padre pasó a compartir el alojamiento de su esposa e hijos, pues la casa de los hombres cayó en desuso. La disposición doméstica tradicional y la nueva son importantes en relación con el *kuru* por una serie de razones. Primero, el modelo de residencia de la madre con los hijos proporcionaría el ambiente ideal para la fácil transmisión de un virus entre mujeres y niños, puesto que estaban en estrecho contacto. Los hombres, por otra parte, aunque no aislados, tenían menos probabilidades de entrar y permanecer en contacto con víctimas del *kuru.* Los hombres jóvenes que se trasladaban a la casa de los hombres ya habían demostrado su resistencia al virus y por lo tanto no infectarían a sus compañeros. El segundo punto de potencial importancia se relaciona con el aumento del número de hombres afectados por la enfermedad a medida que emergía este nuevo patrón doméstico. El desplazamiento de los hombres hacia el hogar de la familia nuclear coincidió también con un aumento en la tasa de mortalidad masculina debida al *kuru* (Hornabrook y Moir 1970). Sería absurdo proponer un aumento del canibalismo secreto de los hombres para explicar esta relación, cuando abundan las claves más evidentes.

La argumentación aquí propuesta no contiene nada de original, puesto que la manifestación de enfermedades en proporciones epidémicas ha acompañado corrientemente las situaciones de contacto humano. Desde este punto de vista, es imposible demostrar la validez de la tesis; pero es más razonable que "extraña", como el propio Gajdusek calificó una vez la tesis del canibalismo. Lo más sorprendente es el hecho de que los relacionados más de cerca con el problema nunca hayan considerado este enfoque en sus publicaciones. Gajdusek (1976) consideró por algún tiempo la idea en la primera etapa de su estadía en Nueva Guinea, pero en esa época no sabía que se trataba de un virus trasmisible, y la idea de la predisposición genética le hizo descartar esta teoría. Sin embargo, parece digna de reconsiderarse ahora, junto con otras explicaciones que no imponen el canibalismo como un factor. En las palabras de otro científico interesado en este problema: "sería una lástima que la aceptación demasiado fácil de la hipótesis del canibalismo impidiera ulteriores indagaciones sobre la patogénesis del *kuru*" (Burnet 1971: 5).

Sin embargo, mantener la mente abierta no es tarea fácil una vez que los expertos convergen sobre una hipótesis sospechada aunque no demostrada. Esto lo prueba un examen del último resumen de Gajdusek (1977b) del pensamiento actual sobre los virus lentos no convencionales y el *kuru* en particular, que comunica vívidamente la imagen del canibalismo fore como agente de transmisión. Este artículo de un científico laureado con el premio Nobel contiene dos fotografías interesantes (Gajdusek 1977: 956): la primera muestra a una mujer fore que acaba de morir de *kuru,* mientras que la segunda, justo debajo de la primera, muestra a un grupo de Fore sentados alrededor de un horno de barro, disfrutando de una comida imposible de identificar pero evidentemente sabrosa. El texto menciona cómo los Fore preparaban sus comidas endocaníbales en tales hornos y cómo la infección era muy probablemente resultado del descuartizamiento y la manipulación de la carne cocida. Cualquiera que no creyera que ahora estaba viendo documentación concreta merecería un premio por recalcitrante. Sin embargo, tal distinción sería inmerecida, pues indagaciones posteriores revelaron que en realidad no se trataba de una auténtica secuencia fotográfica sobre un caso de canibalismo, sino más bien de un intento del autor, en ausencia de pruebas visuales, de ilustrar lo que cree ser una práctica paralela común de los Fore: la fotografía del banquete presenta en realidad a los Fore dedicados a consumir un cerdo, y no a la víctima del *kuru* presentada en la fotografía anterior (Gajdusek 1978).

Durante la investigación de este tema, una serie de comunicaciones personales con Gajdusek (1978) que él tuvo la amabilidad de contestar, si bien resultaron útiles, no resolvieron completamente el problema. Sin embargo, mientras este libro estaba en la imprenta, Gajdusek empezó a tratar con más cautela la idea del canibalismo, puesto que ahora se le cita diciendo que "hasta ahora no ha habido evidencia convincente de que la infección pueda adquirirse comiendo o bebiendo material afectado o por cualquier medio aparte de la invasión directa del torrente sanguíneo" (Schmeck 1978: 16).

Este capítulo ha demostrado que los dos casos más popularmente aceptados de canibalismo institucionalizado de nuestra época muestran la misma ausencia de documentación de primera mano que caracterizaba a los casos de los caribes y los aztecas. Como de costumbre, la ausencia de pruebas concretas en estos ejemplos modernos se explica en términos de la reciente suspensión de la práctica tradicional. Un cotejo más específico entre las dos épocas y sus más prominentes áreas de antropofagia revela otros notorios paralelismos ideológicos. El Caribe y África funcionaron como zonas de canibalismo en flotación libre, de las que no llegaba mucha documentación, ni se esperaba. La divertida mancha racial parecía ser prueba suficiente. En forma contrastante, por razones peculiares de cada época, los aztecas como específico sistema social complejo y los Fore como representantes de la última reserva de salvajismo en el límite actual de la civilización occidental fueron convertidos en caníbales por los sistemas ideológicos más prominentes y respetados de su tiempo. En el siglo XVI el caso contra los aztecas fue apoyado por el peso de la moral y la academia explícitamente religiosas, en conjunción con las contribuciones de los primeros etnógrafos. En el siglo XX respaldan el caso contra los Fore las ciencias médicas y la ya institucionalizada disciplina de la antropología social. El papel ancilar de los intérpretes de las costumbres humanas no es fortuito. Pero antes de volvernos hacia ese problema se imponen dos pasos intermedios.

El problema exige una consideración, aunque sea breve, de la evidencia sobre la posibilidad del canibalismo derivada de la antropología física y la arqueología. Esto no es un problema aparte, puesto que las visiones de nuestro propio oscuro pasado y de distantes culturas extrañas que se suponen empantanadas en ese estado primitivo a menudo se refuerzan mutuamente.

4. EL MUNDO PREHISTÓRICO DE LA ANTROPOFAGIA

Después de atravesar el registro histórico de los últimos quinientos años en busca del caníbal, y de encontrarlo enturbiado por el paso del tiempo, podría parecer fuera de orden temporal, si no inútil, enfocar ahora la evidencia fosilizada de este fenómeno. Sin embargo es necesario hacerlo, porque la siempre perturbadora posibilidad de que el hombre comiera al hombre en los albores de la historia humana nunca está muy lejos del pensamiento de los paleontólogos, antropólogos físicos, arqueólogos y estudiosos de la prehistoria. Además, la tarea es posible porque cuando los especialistas en estas disciplinas se apartan de su dominio de competencia, se ponen a meditar sobre la naturaleza primaria de la bestia y tratan de envolver las piedras y los huesos con un manto cultural, no pueden evitar el recurso al trabajo de sus colegas los antropólogos sociales que estudian hombres primitivos más contemporáneos. Esto significa que, aunque el material físico concreto pueda ser tan antiguo como la especie misma, las conclusiones son reflejos de la era contemporánea.

Los caníbales abundan a medida que la ciencia occidental hace retroceder las fronteras del tiempo. Hay dos razones para esto, por lo menos. Primero, todas las ramas académicas que hoy se agrupan bajo el nombre de antropología moderna emergieron como indagaciones organizadas al mismo tiempo enfrentando una pregunta fundamental. El período formativo se extendió desde mediados del siglo XIX hasta comienzos del XX, y el enigma intelectual, que aún no tiene solución y se sigue debatiendo, era la condición humana original. Las sociedades occidentales industrializadas estaban colocando al resto del globo bajo la dominación colonial europea en un proceso de expansión desenfrenado y casi sin esfuerzo. Fue en ese apogeo de su poder cuando por primera vez algunos intelectuales empezaron a investigar el camino histórico hacia esa conclusión presuntamente inevitable en un marco institucional y en forma sistemática. No tenían la menor duda de que ellos eran el producto final de una secuencia evolutiva, y por los registros históricos escritos sabían bastante sobre algunas de las etapas precedentes más próximas. Sin embargo, estaban bastante menos seguros y eran bastante más cautos con respecto al pasado primitivo, aún envuelto en la bruma de las interpretaciones bíblicas de la creación y el progreso humano o su ausencia. Evidentemente hacía falta romper con ese dogma sagrado para avanzar en un estudio racional y secular de la humanidad. El primer lenguaje, las instituciones sociales más primitivas tendrían que ser reconstruidos mediante la recuperación de artefactos materiales y culturales en conjunción con información más detallada sobre las sociedades no occidentales, que según se pensaba se habían quedado en fases tempranas de la evolución. En esta forma se establecía una ecuación entre los primitivos del siglo XIX y el hombre prehistórico: a ambos se les suponía casi desprovistos de cultura tal como la entendía la mente europea del siglo pasado, y en ese estado salvaje cabía esperar lo peor.

Esa línea de razonamiento llevaba inevitablemente a la segunda razón para suponer *a priori* el canibalismo del hombre primitivo. Los precursores de la antropología moderna ya estaban impregnados de la información de viajeros y misioneros acerca de las tendencias caníbales de sus contemporáneos exóticos, que todavía no se habían encontrado con todo el peso de la civilización occidental. (Carga que desde luego implicaría la negativa a permitirles satisfacer su gusto por la carne humana.) En consecuencia, si se sabía que los primitivos del siglo XIX que vivían cerca del estado de naturaleza eran inclinados a la antropofagia, ¿no se podría decir lo mismo de los primitivos originales de quienes todos descendemos? La imaginación del siglo XIX veía la civilización europea como un bastión amenazado, encerrado por fronteras tanto espaciales como temporales que lo separaban de los ogros.

Esta profecía autocomplaciente no tardó en desenterrar la evidencia documental destinada a dar credibilidad a los peores temores. Un arqueólogo interesado en el hecho o la ficción del canibalismo prehistórico menciona que en 1865, durante los primeros años de esa disciplina como profesión, el canibalismo fue asociado a uno de los primeros hallazgos registrados. Cita el informe del protoarqueólogo, que dice: "Me parece a mí que, en estos cráneos rotos y huesos dispersos, tenemos el resultado de banquetes" (en Brothwell 1961: 304). Esta afirmación tentativa, basada fundamentalmente en el simple hecho de que los restos óseos humanos no estaban en perfectas condiciones, encontró pronto cierto apoyo, pero poco después fue rechazada por dos razones irrebatibles. Primero, los restos habían sido encontrados en la región de Yorkshire de la propia Inglaterra, y segundo, fueron atribuidos a la demasiado reciente edad de hierro, apenas dos mil años anterior, que precedió inmediatamente a la era romana. En este caso, las fronteras del modo de existencia salvaje se habían acercado demasiado. Sin embargo, no regirían las mismas condiciones para los restos más antiguos de hombres primitivos que empezaron a aparecer en el mundo no occidental. Ya no sería necesario usar las mismas precauciones en las cavilaciones subsiguientes sobre la posible significación de restos humanos imperfectos. En tales casos la imaginación de los estudiosos de la prehistoria podría expresarse con mayor libertad y grandiosidad, como pronto lo hizo y con frecuencia sigue haciéndolo.

Cuando se hace retroceder el calendario hasta el Pleistoceno, de tres millones a diez mil años atrás, el tema del canibalismo empieza a florecer en un clima temporal más hospitalario. La lista de caníbales y víctimas del acto nefario parece una guía de antropología física, e incluye el *Australopithecus,* el *Homo erectus,* el *Homo neanderthalensis* y por supuesto también el *Homo sapiens.* Estas amplias categorías ubican el canibalismo en todo el Viejo Mundo e incluyen a algunos de los nombres más familiares del pasado, como el hombre de Java, el hombre de Pekín y el hombre de Cro-Magnon. La lista es tan extensa porque, como lo expresó un arqueólogo, sin considerar otras posibilidades el canibalismo es "la explicación favorita" de los restos humanos, que invariablemente aparecen rotos (Brothwell 1961: 304). Nuevamente encontramos un extraño estado de cosas para una disciplina supuestamente científica que exige métodos más rigurosos cuando son otros los problemas investigados.

En justicia, se mantiene cierto nivel, de manera que hay debate en la literatura profesional, pero las muestras de escepticismo son raras y no llegan a las revistas arqueológicas más populares. El típico libro de texto moderno en general señala alegremente que los humanoides prehistóricos se comían a sus semejantes o bien que hay fuerte evidencia de que así sucedía. Rara vez se consideran otras posibilidades para explicar las condiciones de los restos fósiles, porque éstas no conducen a discusiones tan estimulantes. La literatura popular sobre la naturaleza humana que actualmente está en auge no tiene pretensiones de objetividad científica. Aunque a menudo bien escritas por divulgadores eruditos y hábiles, esas contribuciones llaman la atención sobre la diferencia entre conocimiento y comprensión. Así Ardrey, una de las figuras más explícitas de esa escuela, puede escribir con soltura: "El canibalismo ha sido un pasatiempo prevaleciente durante toda la historia humana" (1976: 263). No es fácil combatir semejantes vaguedades, pero afortunadamente más adelante se vuelve más específico. Refiriéndose a uno de los favoritos presuntos caníbales del pasado del hombre, escribe: "No conozco ninguna autoridad competente que esté en desacuerdo con el gran estudioso del hombre de Pekín, Franz Weidenreich, en cuanto a que eran cazadores de cabezas y caníbales" (163-164). Como pronto veremos, muchas de las más respetadas figuras de la paleontología no sucumben tan fácilmente a ideologías preconcebidas sobre la naturaleza del hombre y especies prehistóricas relacionadas. En forma bastante sorprendente, esto incluye a ese "gran estudioso del hombre de Pekín", el propio Franz Weidenreich, quien es más cauteloso que el entusiasta Ardrey. En su última y más extensa consideración del hombre de Pekín, o *Sinanthropus,* Weidenreich (1943) indica que aun cuando él había considerado tentativamente la hipótesis del canibalismo en ensayos anteriores, es capaz de ofrecer otras explicaciones razonables para las condiciones en que se encuentran los restos fósiles. Con ello demuestra que la calidad académica se distingue de la vulgaridad por algo más que la jerga científica.

El hombre de Pekín ya se ha metido en la discusión, y la controversia acerca de su baja naturaleza ofrece un ejemplo típico y esclarecedor de cierto pensamiento contemporáneo sobre el pasado primitivo. Los objetos fosilizados en cuestión fueron hallados en una cueva caliza cerca de Choukoutien, a unos 50 km de Pekín, en China, en una serie de excavaciones realizadas por paleontólogos europeos entre 1926 y 1941. De esos restos fosilizados de sinantropoides, correspondientes a por lo menos cuarenta individuos, en forma de cráneos, mandíbulas, dientes y huesos largos, todos fragmentados, astillados y desperdigados, los investigadores lograron armar quince cráneos adultos más o menos completos que datan de aproximadamente medio millón de años atrás. El hecho de que la mayoría de los huesos eran fragmentos de cráneos y mostraban también signos de una abertura artificialmente agrandada en la base, alrededor del *foramen magnum,* sugirió inmediatamente a algunas de las mentes más fértiles que los desdichados habían sido víctimas de algún juego sucio. Además, la base rota hizo pensar a otros de inclinaciones similares que la operación había sido hecha con el objeto de que los perpetradores pudieran comer el cerebro, lo que para los sensacionalistas "conmemora la antigua práctica del hombre de comerse al hombre" (Coon 1963: 600). Sin embargo, para el ojo más experimentado es ésa una proposición dudosa.

Otras potenciales explicaciones pueden carecer de la cualidad dramática del homicidio y el canibalismo, pero tienen de su parte a la experiencia y el sentido común. Por ejemplo, se ha señalado que la casi completa ausencia de restos de otras partes del esqueleto en los depósitos de Choukoutien implica que esos restos humanos no fueron llevados a la cueva como comida. La pauta más completa de distribución de restos animales, que constituyen la parte más considerable del material hallado en las cuevas, indica que éstos eran el alimento básico del hombre de Pekín (Breuil y Lantier 1965: 232). En realidad, si aquellos trogloditas hubieran estado comiéndose unos a otros, la última parte elegida hubiera sido la cabeza, que está casi desprovista de carne. Esto no representa ningún problema insuperable para quienes se niegan a ver desaparecer sus prejuicios: en respuesta proponen que el cerebro como parte más delicada del hombre era objeto de la preferencia de los antropófagos. La sospecha de que ese deseo era motivado no por el hombre sino por el propósito de consumir de alguna manera la esencia del difunto en un rito sagrado (Leakey y Lewin 1977: 132) atribuiría a aquellos cavernícolas, que apenas estaban empezando a apreciar las cualidades del fuego, la posesión de conocimientos bastante refinados de neurología y anatomía humanas. La elevada frecuencia con que aparecen restos humanos similares en los yacimientos africanos de australopitecos de un período anterior se ha atribuido a la obra de animales carnívoros que podrían haber devorado a aquellos seres sin poder tragar las mandíbulas, los cráneos y las vértebras cervicales superiores (Washburn 1957: 613). Esta evidencia de los restos de australopitecos sugiere que la misma secuencia de eventos podría ser aplicable a Choukoutien, donde el hombre de Pekín habría sido presa, antes o después de su muerte, de animales depredadores que arrastraron los restos hacia refugios rocosos desocupados.

La condición general de los huesos y cráneos tampoco constituye un gran misterio, puesto que sabemos por autoridades respetables que los daños pueden explicarse en forma más realista por la caída de trozos de los techos de las cuevas a lo largo de los siglos. En efecto, en cualquier parte del mundo los restos fósiles de esta era rara vez se encuentran en buenas condiciones (Shapiro 1974: 84). Una vez más, para las mentes cerradas, esto significaría que todos se comían a todos los que podían atrapar, cosa que se ajusta a la imagen del salvajismo prehistórico y contemporáneo. Finalmente, examinando la evidencia, Montagu hace la interesante observación de que, además de la ausencia de marcas de dientes, sólo uno de los fragmentos humanos mostraba dudosas señales de haber sido expuesto al fuego. En contraste con esto, los huesos animales asociados de los basureros de cocina del hombre de Pekín mostraban haber sido cocinados (Montagu 1976: 109-110).

La abertura ensanchada alrededor de la base del cráneo, que caracteriza también a muchos otros hallazgos de otros homínidos prehistóricos, es otro asunto. Las explicaciones alternativas de este hecho son tan especulativas como la hipótesis del canibalismo, pero no menos creíbles. Montagu, que escribe sobre este tema como estudioso de la anatomía, sostiene que extraer el cerebro por una abertura ensanchada en la base del cráneo sería un proceso mucho más difícil que simplemente romper la cubierta ósea para alcanzar el tejido interno, y por lo tanto propone que este método más cuidadoso y laborioso sugiere que un propósito fundamental era la preservación del cráneo intacto (1976: 118). La racionalidad de este procedimiento sería la intención de los vivos de conservar el cráneo del difunto como recordatorio de su presencia anterior. Para los no iniciados esto puede aparecer a primera vista como una costumbre bastante extraña, pero la decoración de las residencias de los vivos con el cráneo de un difunto estaba ampliamente difundida hasta este siglo. Por lo tanto, la posibilidad de que el hombre de Pekín, igual que otros muchos grupos prehistóricos, haya utilizado ese procedimiento funerario no es algo tan remoto como se podría imaginar.

Posiblemente la mejor manera de hacer a un lado la idea de la ingestión de cerebros es haciendo referencia a la obra de un eminente paleontólogo que se propuso pesar la evidencia en favor de esta posibilidad prehistórica comparándola con las descripciones de caníbales existentes con gustos similares. Suponiendo, por las alusiones de las publicaciones generales, que esta práctica también estaba muy difundida en épocas recientes, aparentemente se sorprendió mucho al descubrir que no existía documentación alguna. Como persona habituada a ocuparse de hechos concretos, escribió disgustado: "el autor no ha logrado encontrar en la literatura una descripción de primera mano y detallada de la práctica concreta de principio a fin, aunque fuera sin fotografías ni documentación filmada" (Jacob 1972: 82). Como siempre, cuando se hacen tentativas de ir más allá del reino de las noticias de segunda o tercera mano en busca de evidencia, las fuentes se secan. Bastante irónicamente, lo mismo puede decirse del objeto de tanta especulación actual sobre el canibalismo prehistórico, pues los restos fósiles del hombre de Pekín desaparecieron en 1941. Los huesos extintos, igual que las culturas extintas, siempre parecen proporcionar las mejores pruebas de canibalismo.

No toda la evidencia más antigua en favor del canibalismo ha desaparecido. Pasando ahora al Nuevo Mundo, encontramos que los arqueólogos han descubierto para diversos tiempos y lugares una abundancia de restos humanos que sugiere manejos turbios anteriores a la llegada del hombre blanco. En general, el material y las conclusiones interpretativas no están tan enturbiadas por quienes afirman intuir la filosofía moral del hombre primitivo. En algunos casos los informes prestan cierta atención directa a la idea de que los aborígenes de América del Norte puedan haber experimentado con el canibalismo o recurrido a él, pero las grandes generalizaciones sensacionales todavía son algo de lo que hay que cuidarse.

Un reciente ejemplo típico proviene del suroeste de los Estados Unidos, y procede del período Pueblo de 900 a 1300 d.c. (Flinn *et al.* 1976). La evidencia humana consiste en los restos de una presunta unidad doméstica formada por once individuos de todas las edades y de uno y otro sexo que llegaron a su violento fin en una sola residencia en el norte de Nuevo México alrededor de 950 d.c. Los esqueletos estaban fragmentados, faltando algunas partes; los cráneos deshechos; los huesos largos estaban rotos, con la cavidad de la médula al descubierto, y al igual que las partes craneanas mostraban signos de cortes y de haber sido expuestos al fuego. Estos dos últimos rasgos no son característicos de otros enterramientos prehistóricos de la misma época y lugar, de manera que se ha señalado la evidencia de canibalismo. Sin embargo los autores sopesan cuidadosamente otras explicaciones e indican que algunos de los rasgos pudieron haber sido causados por otros medios que el canibalismo. Eligieron la hipótesis del canibalismo porque la casa misma no había sido quemada, lo que sugiere que la múltiple muerte no fue causada por el fuego, y no hay indicio de las prácticas funerarias habituales. Aquí entra una advertencia crucial, porque los restos no fueron encontrados en el estado normalmente asociado con la época y la cultura, que incluía lo que podríamos llamar un entierro decente. Por lo tanto, las claves apuntan hacia un caso de canibalismo de supervivencia, el cual, aunque no desconocido, era raro. Los arqueólogos señalan también que esa época en particular fue de cambio climático y perturbaciones ecológicas en un ambiente económico ya marginal que generaba inquietud y conflictos sociales. Todo lo que puede deducirse de la evidencia es un caso aislado de antropofagia en un grupo que luchaba por sobrevivir en condiciones duras y desacostumbradas. Es innecesario decir que esto no permite la fácil conclusión de que los indios del suroeste de los Estados Unidos eran caníbales ritualmente o por afición. Las circunstancias peculiares del hallazgo sugieren en realidad lo contrario, puesto que no se observaba la forma normal de disponer de los muertos.

Desperdigados por toda la literatura arqueológica sobre los pobladores originales de la América del Norte se pueden encontrar otros ejemplos de canibalismo, en condiciones extremas. La documentación física suele ser menos concluyente que en el ejemplo anterior, pero los restos se encuentran en una forma excepcional, nuevamente indicando la ausencia de un patrón cultural (Hartman 1975). En general, los informes arqueológicos son modestos y tentativos, como cabía esperar de investigadores habituados a manejar artefactos concretos susceptibles de ser medidos y examinados por más de un individuo. Sin embargo de vez en cuando alguien cae víctima de los mitos de su propia cultura. Cuando hace su inconfundible aparición una de esas publicaciones, lleva todas las marcas delatoras de las actitudes y la mitología contemporáneas impuestas al pasado de la humanidad a guisa de ciencia de la era espacial.

Los iroqueses ofrecen un ambiente apropiado para este tipo de informe interpretativo, puesto que los medios de comunicación populares ya han dado imágenes preconcebidas que tienen cierta base en la realidad. Los miembros de la confederación iroquesa del noreste presentan un sorprendente contraste con la naturaleza relativamente pacífica de muchos indios del suroeste. Las tribus de la débilmente organizada confederación iroquesa entraron en temprano y a menudo marcado conflicto con los primeros colonizadores blancos, debido a la participación de los indios en el valioso comercio de pieles. También estuvieron inextricablemente metidos en la competencia económica y los consiguientes choques militares entre las potencias europeas presentes. Como resultado de ello, su belicosidad se ha ganado una distinción histórica que no mejoró con la decisión de algunos de los grupos miembros de la confederación de aliarse a los británicos y leales en la guerra de la independencia. Debido a esta especie de mala reputación con frecuencia se les maltrata en la literatura histórica y prehistórica. Ilustra esta actitud un reciente ensayo sobre los iroqueses que apareció originalmente en una revista para no especialistas (Tuck 1974). Desdichadamente, esta oportunidad de comunicarse con el público general demasiado a menudo convence al autor de la necesidad de echar por la borda las normas científicas junto con la jerga. Esta especie de actitud paternalista, más que cualquier otra cosa, hace muy poco favor tanto a los lectores como a la disciplina, para no hablar de la historia de quienes son objeto del estudio.

En la vena previsible el supuesto sitio de canibalismo en este caso ha pasado a llamarse "Bloody Hill", "colina sangrienta". El área se encuentra en la región onondaga del estado de Nueva York, cerca de Syracuse, y la ocupación se remonta a alrededor de 1420 d.c. Según el autor del informe, los restos "proporcionaron evidencia de que la tortura y el canibalismo rituales, que eran familiares en tiempos históricos, eran parte establecida de la cultura iroquesa en el siglo XV" (Tuck 1974: 195). Así, de un plumazo, los iroqueses resultan caníbales históricos y prehistóricos. Sin embargo, la evidencia escasamente permite llegar a esa conclusión, pues es un solo fenómeno misterioso el que lleva al autor a tal proclamación. En el proceso de sus extensas excavaciones, el equipo de arqueólogos descubrió un pozo que había sido usado como horno de tierra. Junto con otros materiales de desecho que no se definen, el pozo contenía los fragmentos de un cráneo de hombre adulto y huesos largos con marcas de cortes. Los epígrafes de las fotografías del pozo mencionan un "rito salvaje" en el cual "evidentemente un hombre adulto había sido cocinado y comido" (192).

Hay una serie de objeciones válidas, específicas y generales, a una descripción tan sensacionalista, que están implícitas en observaciones anteriores. En primer lugar, los restos humanos quemados no implican necesariamente que el difunto haya sido comido: igual podrían haberlo cremado simplemente. A la objeción de que el conocimiento arqueológico general no indica que los iroqueses cremasen a sus muertos, se puede responder que tampoco indica que el canibalismo fuera un patrón cultural. Segundo, una instancia única como ésta excluye el uso del término "rito", que en el habla socioantropológica tiene un significado restringido, y en forma importante indica un acto repetido, no un acontecimiento único. Es probable que en su esfuerzo por dar una descripción familiar de fácil lectura el autor no tuviera presente este significado más técnico, y estuviera tratando en cambio de transmitir otro mensaje al emplear la palabra "rito", de aludir a una motivación irracional y sobrenatural de los indios. Hay una tendencia general en buena parte de la literatura sobre "los indígenas" a definir sus acciones como rituales, mientras que nuestro propio comportamiento, en contraste, es "costumbre", lo que implica un propósito más racional. Así, en este ejemplo, un solo caso de actividad de los iroqueses, sin evidencia sobre su posible significación, es llamado el "rito salvaje de Bloody Hill".

Finalmente, el conocimiento histórico al que alude el autor para apoyar sus sospechas no contiene ninguna descripción de primera mano de canibalismo iroqués. Pese a la amplia aceptación de la idea de que los iroqueses eran propensos a comer el corazón de un bravo guerrero al que acababan de torturar hasta la muerte, esto no pasa aparentemente de ser otro mito de segunda mano gastado por el tiempo. La colección de los documentos de los misioneros jesuitas (Thwaites 1959), a la que a menudo se hace referencia como fuente en relación con la crueldad y el canibalismo iroqueses, no contiene ninguna descripción de alguien que haya presenciado personalmente un acto de canibalismo. Las relaciones que reducen a los indios americanos a salvajes sin conciencia son comprensibles en el contexto de la obra de los misioneros del siglo XVI, pero no merecen ningún lugar en los registros de la arqueología contemporánea.

Este panorama de las eras anteriores a la historia escrita exige una última digresión hacia el pasado siguiendo el rastro del caníbal, que recuerda una breve consideración de un quehacer intelectual contemporáneo que enfoca los orígenes mismos de la naturaleza humana. Específicamente: ¿los *Homo sapiens* son bestiales —según parecen aceptar todos los interesados— debido a su constitución genética o por razones culturales? Esta pregunta, que tiene un respetable y antiguo linaje, ha recibido nuevo impulso de los modernos descendientes en el campo de la etología o estudio del comportamiento animal. La sociobiología, que intenta integrar la sabiduría acumulada a lo largo de las edades por varias ramas intelectuales, se está poniendo de moda, y esta nueva síntesis también tiene algo que decir sobre las razones por las que un hombre come carne humana, lo cual es visto como el extremo de la maldad humana. Como esta nueva disciplina se basa sobre lo muy poco que se sabe en la indagación de la ignorada vastedad, simplemente da por sentado el canibalismo humano extendido. Prácticamente todos los demás temas están abiertos a la discusión, mientras los verdaderos creyentes de cada fe trazan las líneas de batalla.

Cada uno de los bandos declara apasionadamente que no haremos muchos progresos intelectuales o morales a menos que sus opositores reconozcan la verdadera naturaleza de la agresión humana. Sólo su común pesimismo acerca de la condición humana ofrece un terreno de acercamiento, mientras primitivos y civilizados son objeto de enérgicas acusaciones. Como resume la situación uno de los cruzados, "indudablemente, la índole extrema de la destructividad y la crueldad humanas es una de las principales características que distinguen al hombre, desde el punto de vista del comportamiento, de los demás animales" (Freeman 1964: 111). Y poco después escribe: "La historia de los pueblos primitivos, con sus extrañas expresiones de la crueldad y la agresividad humanas, en ritos sacrificiales, ceremonias de iniciación, mutilaciones rituales, caza de cabezas y cultos caníbales y sociedades asesinas" (112-113) confirma esa visión de la naturaleza humana. No es un cuadro hermoso de contemplar, pero ¿qué le vamos a hacer? Mientras que uno de los bandos afirma que estamos genéticamente programados en esa dirección, por lo menos parcialmente, el otro sugiere que se trata de respuestas culturales aprendidas. Y los dos por igual afirman que sus antagonistas difunden ficciones peligrosas.

Cuando se trata del escrutinio del tema del canibalismo como forma de agresividad, el debate se hace aún más elocuente, pues pocas cosas son capaces de agitar de tal modo la naturaleza romántica e incauta del científico. El anatomista Raymond Dart, que adopta la hipótesis instintiva y acepta la veracidad de todos los informes sobre canibalismo de Estrabón a Marco Polo y sus contrapartes del siglo XIX, escribe: "Los archivos salpicados de sangre y matanzas de la historia humana... concuerdan con un temprano canibalismo universal" (Dart 1953: 207). Hasta Wilson, el gran sintetizador con una gran inversión académica en la idea de instintos agresivos adaptados, se refiere a las fulminaciones de Dart como "antropología, etnología y genética dudosas" (1975: 255), y señala a los distraídos que pudieran ir demasiado lejos en una dirección, que el canibalismo está presente en diversas especies además del hombre (246-247). Esto ofrece ulterior confirmación de la idea de una naturaleza caníbal innata, porque si solamente seres semejantes al hombre se dedicaran a esa práctica, el componente cultural podría adquirir un papel más importante en la explicación. La argumentación exige que el homo-bestia permanezca conspicuamente en primer plano.

Por el otro lado el lector encuentra la racionalidad de que respuestas culturales a diversas situaciones han producido una potencial naturaleza caníbal en el hombre. En lugar de los cromosomas eran el corazón y la mente los que a veces, lamentablemente, exigían que nuestros antepasados se comieran mutuamente en tiempos remotos. Montagu, postaestandarte de estas fuerzas, afirma que la prohibición del canibalismo es a menudo sólo un "prejuicio civilizado" (1976: 111). Por lo tanto, si el hombre civilizado ha sido capaz de despojarse de su capa antropofágica haciendo progresos morales, el canibalismo o su negación no son más que hechos culturales. Si hemos conseguido dar este gran salto adelante, logrando al mismo tiempo seguir siendo miembros de la misma especie que los incivilizados, existe la esperanza de que todos puedan alcanzar el mismo nivel. El canibalismo se reduce simplemente a un rasgo de atraso. Si la argumentación se detuviera en esta razonable y defendible posición no habría mucho que objetarle. Sin embargo, como hemos observado constantemente, el caníbal tiene una gran fascinación para la mente académica, y la horrenda criatura exige siempre nuevas exculpaciones hasta que cada explicación posible haya tenido su oportunidad. No contentos con responder a los sociobiólogos con la proposición del canibalismo como expresión cultural de agresión, algunos exigen que reconozcamos la oculta pero auténtica significación del canibalismo: es una muestra de respeto, si no de verdadero amor.

Aunque otros pocos han manejado esta hipótesis, Helmuth (1973) es quien ha dedicado la más extensa reflexión a la cuestión motivacional en los últimos años. Su principal preocupación en su estudio de los casos registrados de antropofagia en todos los tiempos y partes del mundo es la determinación de las formas de pensamiento subyacentes a las prácticas caníbales. Supone que al comprender la conciencia de antropófagos más contemporáneos podremos llegar a una mejor comprensión de lo que puede haber estado pasando en la mente del hombre prehistórico cuando abría por la fuerza el cráneo de su colega muerto para deleitarse con su cerebro. El ensayo de Helmuth tiene todas las marcas de un trabajo académico serio: abundante bibliografía, tablas, gráficos y fórmulas estadísticas para medir la relación entre la base económica y el tipo de canibalismo practicado por indios sudamericanos, que dan como resultado uno de los sistemas clasificatorios más complejos que puedan encontrarse. Sin embargo, la validez de los datos etnográficos básicos no es cuestionada jamás. En cambio, en la precipitación por socavar la posición de agresividad genética de la escuela de pensamiento contraria, el canibalismo se da por sentado como un elemento dado de la discusión. Termina con la cauta proposición de que los numerosos tipos diferentes de racionalidad que ha descubierto en su investigación, que han motivado a los muchos antropófagos del mundo, no permiten ninguna interpretación monocausal de su comportamiento. Para nombrar sólo algunos de los más misteriosos, el autor propone la existencia de canibalismo jurídico, mágico-ceremonial y funerario. Además, éstas y otras motivaciones de la práctica están delicadamente simbolizadas en un mapamundi de lugares antropofágicos por cráneos, dagas cruzadas, ataúdes, urnas, ollas y balanzas de justicia (246-247). Helmuth demuestra también que la imaginación necesaria para hacer justicia al tema rara vez está ausente.

Proféticamente, Helmuth afirma que la visión del canibalismo como un acto agresivo es sólo un ejemplo de la aplicación de ideas morales contemporáneas al pasado humano. Escribe que se podría sostener que la práctica del endocanibalismo (que él llama aún más oscuramente "patrofagia") por un primitivo sudamericano "podría implicar una larga historia de sentimientos y afectos amistosos y amorosos" (250). Con semejantes apologistas académicos por defensores, los indios sudamericanos contemporáneos no necesitan enemigos en la lucha por impedir el exterminio de su forma de vida, pues la última línea siempre admite que son o han sido antropófagos.

El material de lectura sobre el canibalismo prehistórico es abundante, de manera que no es posible hacer justicia a todos los autores en este único capítulo. Sin embargo, los pocos ejemplos citados más arriba con algún detalle ilustran patrones intelectuales y permiten llegar a algunas conclusiones generales sobre el actual estado de ánimo y la pericia de los contemporáneos estudiosos del pasado. Si bien algunos pueden ser poco previsores en su interpretación de la evidencia prehistórica, en general son mucho más cautelosos en cuanto a sacar conclusiones que sus colegas que estudian sociedades no occidentales históricas y contemporáneas. En forma similar, las osadas sugerencias iniciales sobre canibalismo en épocas pasadas que salen a la luz en este campo han sido refrenadas por advertencias de precaución, si no por interpretaciones contrarias. Pautas académicas más estrictas pueden tener relación con esta situación, pero igualmente significativa es la existencia de artefactos concretos observables. No todos estos artefactos desaparecen o se ocultan convenientemente, como los presuntos representantes vivientes del canibalismo, de manera que los juicios de un individuo, por fantásticos que sean, no tienen que ser aceptados como artículo de fe por otros interesados en la misma cuestión. Esta posibilidad de examinar, someter a pruebas la evidencia una y otra vez a medida que se dispone de técnicas metodológicas cada vez más refinadas, tiene mucho que ver con el tono reservado de las reflexiones sobre el hombre prehistórico. En contraste, el antropólogo social que pasa algún tiempo en una zona aislada y regresa a informar que "sus nativos" practicaban antiguamente —o practican todavía, lo cual es mucho más emocionante— el canibalismo en secreto, no tiene que enfrentarse a las mismas pruebas metodológicas por parte de sus colegas. En el peor de los casos, otros del mismo tipo de mentalidad, para no verse superados, sentirán la necesidad de afirmar que sus nativos también hicieron o hacen lo mismo. Antropólogos y antropófagos son extraños pero cómodos compañeros de cama; pero la elucidación de las razones de este matrimonio espera los argumentos del capítulo final.

En realidad los arqueólogos y los paleontólogos llegan a algunas de sus más indefendibles deducciones por adoptar confiadamente las contribuciones de los antropólogos sociales cuyos métodos de investigación no son tan rigurosos. Esto resulta conveniente para los antropólogos sociales, cuyas ideas son entonces validadas por quienes trabajan en campos aliados a través de un circuito de retroalimentación de desinformación. Ilustrando este proceso, dos estudiosos del hombre primitivo, con orientación filosófica, conocedores de las claves del canibalismo, intentaron reconstruir ideologías prehistóricas basándose en las cavilaciones de antropólogos sociales que han registrado comportamientos similares en primitivos del siglo XX (Bergounioux 1961 y Blanc 1961). Así Bergounioux escribe que "nos vemos obligados a hacer uso de observaciones hechas sobre pueblos arcaicos, que nos parecen los únicos que han conservado los procesos de pensamiento del hombre primitivo" (1961: 116). Una correlación tan simplista es tentadora, pero no convincente. Por ejemplo, Montagu, que ha mantenido constantemente una posición cautelosa y académica sobre el tema del canibalismo, ha minado seriamente toda la perspectiva revolucionaria. Señala que prácticamente no existen informes sobre canibalismo en época reciente para los pueblos cazadores y recolectores, que poseen el sistema económico de adaptación más simple que conocemos (1976: 111). Esto significa que no es posible plantear una relación entre el hombre primitivo y el canibalismo como un rasgo agresivo atávico, como lo han hecho muchos.

Después de revisar algunos de los más destacados hallazgos e interpretaciones de los más íntimamente interesados en el comportamiento del hombre prehistórico, podemos volver ahora al tema original de la evidencia de canibalismo en las penumbras del pasado. Tomados en conjunto, la rareza de los hallazgos, incluyendo los de naturaleza dudosa, no autoriza la conclusión de que la evidencia material siempre indica canibalismo como patrón cultural, ya sea en forma ritual o alimenticia, en las épocas más remotas. Esto puede resultar una sorpresa para el lego y el divulgador, pero es evidente por la literatura que esta ausencia de datos básicos tampoco es reconocida por la antropología social contemporánea. Ya sea por ignorancia o por mala interpretación de los hechos, los antropólogos sociales prefieren sostener en sus publicaciones y conferencias que los arqueólogos han descubierto casi tantos caníbales en el pasado como ellos mismos han ubicado en la época moderna. Sin embargo, eso está lejos de ser cierto.

Finalmente, es posible —y no perjudica a la tesis de este libro— concluir que algunos de los restos en cuestión sugieren raros casos aislados de seres prehistóricos que practicaron un canibalismo de supervivencia. No sería razonable afirmar que en los dos millones de años de historia del hombre nadie debería haber recurrido a semejante práctica en el intento de sobrevivir. La mayor parte de los seres humanos del mundo han vivido la mayor parte de su historia en zonas económicas marginales sin sistemas tecnológicos suficientes para evitar el desastre en sus expresiones más sombrías. La muerte por hambre en condiciones de tensión debe haber sido una compañera familiar del hombre primitivo. Contemplando las cosas a esta luz, lo sorprendente es que no haya más indicios arqueológicos de que nuestra especie recurriera al canibalismo. La falta de esa evidencia bien podría indicar que en todos los tiempos la mayoría ha sentido que la prohibición de comer carne humana es un "prejuicio civilizado", y ha encontrado la pérdida de la vida más tolerable que la antropofagia.

5. EL MUNDO MÍTICO DE LA ANTROPOFAGIA

El precedente examen de casos seleccionados indudablemente habrá dejado de lado a los favoritos de alguien, caníbales de otros tiempos y lugares. A esa acusación sólo puedo responder que sería imposible examinar todas y cada una de las instancias de canibalismo registradas, puesto que la literatura implica sin atenuantes que el canibalismo es o ha sido un elemento cultural universal. Como se ha indicado, una interpretación estricta del material debería incluir necesariamente a nuestra propia cultura. Esta profusión de casos me llevó a analizar algunos de los estudios de caso de sociedades caníbales más populares y mejor documentados, guiado por el supuesto de que la mejor manera de enfrentar un conjunto de imágenes popular es demostrar la debilidad de la mejor evidencia disponible. La adopción de cualquier otro enfoque sólo provoca la persistencia de dudas y sospechas.

Por otra parte, el continuar evaluando la credibilidad de las descripciones literarias no haría ninguna contribución positiva a nuestra comprensión de otras culturas en general o de la cuestión específica de la antropofagia. Lo que es más importante, proceder por ese camino negativo prolongaría un problema falso y tendiente a aumentar la confusión. Prolongadas indagaciones acerca de la racionalidad que llevaba a algunos hombres a comerse a sus congéneres ya han iniciado guerras de papel tan eruditas como estériles, que recuerdan la erudición del siglo XIX. Lo más seguro que se puede decir es que todas las culturas, subculturas, religiones, sectas, sociedades secretas y cualquier otro tipo posible de asociación humana han sido calificadas de antropofágicas por alguien. A la luz de esta comprobación surge más claramente el contemporáneo y descuidado problema antropológico. El fenómeno universal es la idea de "otros" como caníbales, no el canibalismo. La pregunta importante no es por qué la gente come carne humana, sino por qué cada grupo invariablemente supone que los demás lo hacen. El problema pasa a ser la explicación de un aspecto singular de un sistema de pensamiento general, antes que una costumbre observable.

El movimiento en esta dirección permite la evaluación de más evidencia común del canibalismo, pero ahora el material puede ser interpretado en forma más positiva. El proceso también tiene algo que contribuir a nuestra comprensión de la imaginación y la cultura humanas, incluyendo las nuestras. Esta faceta del problema había sido archivada en la precedente búsqueda de errores, huecos, incoherencias y otros defectos en descripciones particulares publicadas. Muchas de las ideas que se desarrollarán en las páginas siguientes estaban implícitas en páginas anteriores, pero se impone un desarrollo más sistemático de ellas con el objeto de considerar cómo una idea particular gana aceptabilidad y llega a formar parte del conocimiento común, tanto en nuestra cultura como en otras. Esta segunda preocupación fundamental de esta investigación significa a menudo abandonar el reino académico formal por la palestra de las nociones ordinarias sobre el comportamiento humano. Sin embargo, este viraje en la orientación no exige demasiado, puesto que en algunos casos la frontera entre los modos de pensamiento esotérico y pedestre no pasa de ser un vocabulario técnico. Muy a menudo los analfabetos y los literatos comparten ideas infundadas similares sobre el comportamiento humano.

Al examinar la facilidad con que se difunde la noción de otros como caníbales, la implicación de que esa acusación niega a los acusados su humanidad es reconocible de inmediato. Al definirlos de ese modo se les barre de la esfera de la cultura y se les coloca en la categoría de los animales (Clerk 1975: 3). "Esas" gentes, ya sea que habiten el valle vecino u otro continente, carecen de cultura porque los seres humanos no se comen unos a otros. El comer carne humana marca instantáneamente a un individuo o a una cultura como no humanos en un sentido básico. En muchas culturas el cuerpo humano es potencialmente el símbolo más sagrado (Douglas 1970), de manera que el acto de comer carne humana pasa a ser el acto más profano que se pueda imaginar a menos que se lleve a cabo en el contexto de un evento simbólico altamente cargado.

El hecho de que solamente aquellos animales que de alguna manera invierten su propio orden natural, como el león y el tigre renegados y algunas especies de solitarios nocturnos como el leopardo y la hiena, busquen en ocasiones la carne humana como alimento, refuerza la asociación simbólica entre canibalismo y conducta antisocial. Otras especies que en alguna forma subvierten la interpretación humana del orden natural de las cosas, como el cocodrilo, un reptil que habita el mundo de los peces, y el babuino, que físicamente parodia al hombre e invade sus dominios en busca de comida, pasan a ser otros potenciales indicadores del mal. Son éstas además las mismas especies que los seres humanos suelen excluir en lo posible de su dieta debido a su naturaleza desagradable. En consecuencia hay en África muchos grupos que aparecen regularmente en las enumeraciones de caníbales que se niegan a incluir la carne de babuino en su alimentación porque consideran que esos animales recuerdan demasiado a las personas —actitud que parecería implicar una aversión igual por la carne humana misma. A continuación se supone que esas imitaciones animales de la forma humana y categóricas afrentas al intelecto atacan a los humanos ordinarios en alguna forma sobrenatural. No es sólo coincidencia que en Sierra Leona y otras regiones de África se piense que los sospechosos de canibalismo adoptan la forma de sociedades de leopardos, cocodrilos y babuinos humanos. Carentes de tales oportunidades ambientales, nuestras propias tradiciones literarias y populares proponen al lobo y al murciélago como símbolos de esa maldad, y suponen que los humanos sedientos de sustancias corporales de sus semejantes elegirían tales formas bestiales.

Tales asociaciones simbólicas sutiles son significativas, pero a menudo sólo en formas oscuras y restringidas. El señalar a grupos enteros como caníbales es mucho más directo y evidente para todos los interesados. La guerra y la aniquilación se vuelven entonces excusables, mientras que formas más refinadas de dominación, como el esclavizamiento y la colonización, pasan a ser una verdadera responsabilidad de los portadores de cultura. La mitad de la población del mundo ha sido salvada de sus peores inclinaciones o de las de sus vecinos en esa forma: por todas partes se encuentran conmovedoras citas de las reflexiones autoelogiosas de los agentes de la civilización occidental acerca de la vil naturaleza de sus protegidos. Sin embargo, este discurso se interesa por la capacidad general de la mente humana y no por particulares caídas morales, de manera que es mejor seguir adelante.

Irónicamente, nada expresa con más exactitud esta noción de los otros como caníbales que los consejos dados a Margaret Mead en Nueva Guinea cuando se preparaba a abandonar a los Arapesh para visitar a los Mundugumor. En lo que debe haber sido su tono más sombrío, su informante arapesh le advirtió: "Ahora vas a remontar el río Sepik hasta donde habitan las gentes feroces que comen hombres... Nosotros somos diferentes. Ya lo verás" (1950: 165). Ella no lo vio, regresó sana y salva y sin haber presenciado un solo acto de canibalismo, pero consiguió comunicar eficazmente esa sabia opinión sobre los caníbales al mundo exterior. Disponiendo de tiempo y energía, sería posible quizás descubrir el camino de tales acusaciones en una cadena ininterrumpida a través de un continente entero. Por ejemplo, los Baganda que viven en las orillas del lago Victoria afirman que los habitantes de las islas Sese de ese vasto mar interior se comen a los intrusos. Los Sese niegan tal cosa, pero admiten que los nativos de la orilla más lejana son efectivamente caníbales. Desdichadamente a esta altura se agota el material, pues el etnógrafo no investigó a los últimos sospechosos (Johnston 1902: 693).

El antropólogo, cuya función es tener más conciencia de las fronteras culturales subyacentes a tales acusaciones, debería ser capaz de evaluar críticamente este tipo de informaciones. No ha sido éste el caso, y en cambio se aceptan como prueba de canibalismo tales expresiones de prejuicios de grupos no occidentales. No es nada sorprendente, por lo tanto, que no especialistas que tienden a pintar el mundo con pinceladas más gruesas acepten eso como documentación sólida, puesto que propenden a ver a todos los nativos de una región como del mismo tipo. Sin embargo, no es ésta una apreciación realista de la naturaleza humana. Un grupo de África o de Nueva Guinea es tan propenso a rebajar al vecino aplicándole la etiqueta de caníbal como cualquier europeo.

Un segundo ejemplo instructivo de este tipo lo proporciona Francis Huxley, quien hizo trabajo de campo entre los indios Urubú de Brasil, restos contemporáneos de un vasto grupo cultural que incluyó a los infames Tupinambá. Esos representantes de una cultura casi extinta no eran ya caníbales, según el autor, desde que se les había puesto bajo control administrativo alrededor de veinticinco años antes. Sin embargo Huxley estaba bien enterado de su anterior naturaleza salvaje por su conocimiento de la literatura referente a los Tupinambá y pueblos relacionados con ellos, y en consecuencia asedió a sus informantes con solicitudes de algunos detalles etnográficos contemporáneos sobre esa antigua práctica. En su monografía, escrita en estilo popular, afirma descaradamente: "Del canibalismo es casi imposible hacerlos hablar: una pregunta directa provoca simplemente una aburrida y distante negativa" (1957: 234). Uno de sus mejores amigos e informantes expresó su desagrado ante la sola idea, pero el autor, firme en su creencia, agrega que no lo convenció en absoluto. A continuación el etnógrafo, cuyo propósito era recoger material sobre la cultura tradicional del grupo, invirtió los papeles y procedió a enterar a los indios de la verdad acerca de ellos mismos.

En su tarea se sirvió de la descripción, por un viajero ilustrado, de los habitantes de la zona en el siglo XIX. Mostrando una ilustración que representaba a algunos indios Apiaca, Huxley informó en tono casual a sus nuevos estudiantes de antropología occidental que esos indios solían comer gente. "¡Comer gente!" —exclamó uno de los indios— "ese libro es malo, arrójalo al fuego" (235). Esto, naturalmente, no hizo sino confirmar las sospechas del instructor, que por consiguiente pasó a un dibujo que representaba a indios Mandurukú: " 'También ellos comían gente', dije para estimularlo, aunque no era cierto" (235). Su mejor estudiante finalmente olvidó toda reserva y admitió que tal era la "triste" verdad. El mismo individuo procedió luego a identificar a todos los indios representados en el libro del mismo modo, y concluyó "Los hombres blancos siempre están diciéndonos que nosotros comíamos gente, que comíamos a los blancos. Es mentira, no lo hacíamos. No comíamos gente. ¡Nunca! Los Juru pihun comían gente, pero nosotros somos buenos, nosotros no lo hacíamos" (236). El mismo informante agregó luego los Capiwan a la lista, ahora rápidamente creciente, de los caníbales que antiguamente perseguían a los antepasados de los Urubú.

Huxley aprovechó entonces la oportunidad para decir a los indios que lo escuchaban que había oído decir que antes los Capiwan mataban hombres y los comían, y como si no tuviera mayor importancia, en un aparte casual a su público dijo: "En realidad la descripción se refería al canibalismo de los Tupinambá." Su informante nuevamente confirmó la historia, y luego relató un mito detallado sobre el canibalismo de los Capiwan. El autor consideró que se trataba en realidad de una proyección de lo que los propios Urubú hacían pero no querían admitir, y concluye el capítulo con la asombrosa frase de que el relato "aunque es un trozo de historia también puede leerse como un mito" (243). Así la antropología contemporánea confirmó la antigua antropofagia de los Urubú y grupos relacionados. Es un hecho reconocido que la antropología social nunca puede ser una ciencia en el mismo sentido que otras disciplinas, pero hay legítimas razones para esperar algo más en términos del método científico con que se acumulan, presentan e interpretan los datos. A la luz de la historia francamente admitida por Huxley, cabe preguntarse qué tendrían que haber dicho sus informantes para evitarse la caracterización como caníbales. La definición de los Urubú como antropófagos es tan históricamente inevitable como su eventual extinción a manos de los civilizados.

Irónicamente, Thomas H. Huxley, antropólogo del siglo XIX y bisabuelo del Huxley contemporáneo, participó en la trasmisión de la noción del canibalismo africano al mundo occidental. En una de sus muchas publicaciones, en un postscriptum a un capítulo sobre los monos africanos, incluyó la descripción que hizo un viajero del canibalismo congo, y eligió para ilustrar la horrenda escena un grabado del siglo XVI que muestra a un sonriente carnicero congo preparando cortes de carne humana en su tienda al aire libre (1898: 74). El viejo Huxley aceptó la veracidad de ese material sin comentarios; sin embargo, en respuesta a las observaciones del mismo viajero sobre los monos antropoides de África central, la mente científica reaparece. Inmediatamente antes de pasar al tema del canibalismo, Huxley concluye su tratamiento de los datos relativos a los monos con el comentario: "Es posible que esto sea la verdad, pero no es evidente" (72). Lo mismo podría decirse de los cuentos de su bisnieto sobre las selvas del Brasil en el siglo XX.

Aceptar las declaraciones de los informantes de Francis Huxley acerca del canibalismo de sus vecinos por su valor aparente sería imperdonablemente ingenuo en otros contextos. En su forma y su función, esas afirmaciones son análogas a las ofrecidas a Margaret Mead sobre otros grupos vecinos por sus informantes de Nueva Guinea. Tomadas juntamente con decenas de otros ejemplos, todo sugiere que nos encontramos, por lo menos en parte, frente a un caso de prejuicio colectivo. Esta actitud no es un defecto exclusivamente occidental, puesto que encuentra expresión dondequiera que hay dos grupos humanos en contacto. En términos más técnicos, la suposición por un grupo de la naturaleza caníbal de otros puede ser interpretada como un aspecto de la construcción y el mantenimiento de fronteras culturales. Este proceso intelectual es parte del intento de toda sociedad de crear un orden conceptual basado en diferencias en un universo de comunidades próximas y a menudo competidoras. En otras palabras, un grupo puede apreciar más significativamente su propia existencia presentando a otros como opuestos categóricos. Esto puede resultar difícil de hacer cuando los grupos comparten patrones culturales similares, de manera que con frecuencia es necesario inventar las diferencias. ¿Y qué podría ser más distintivo que la creación de una frontera entre los que comen carne humana y los que no lo hacen? En realidad, eso significa trazar una línea entre un modo de existencia civilizado y otro salvaje, traducidos como "nosotros" y "ellos". Por decepcionante que pueda resultar, no somos nosotros los únicos que en este mundo afirman poseer el monopolio de la cultura. Con gran desaliento pero sin muchas vacilaciones, pueblos de todas partes señalan con el dedo a sus vecinos bárbaros y caníbales.

Esta actitud puede ser significativa para quienes la adoptan con tanto entusiasmo, pero por sí misma esa idea resultaría insuficiente para sostener una cosmología tan civilizada y elaborada como la relativa a la noción de canibalismo. Hay algo más en forma de evidencias menos efímeras, y es hora de considerar algunas de las claves culturales más obvias que han llevado a la suposición de canibalismo por parte de tantos de los pueblos del mundo.

La creencia de que otros son o han sido caníbales es estimulada por el hecho familiar de que el grupo en cuestión con frecuencia conserva cuidadosamente un mito sobre un oscuro pasado remoto que incluye un relato en que se come carne humana. Tales historias señalan la emergencia de su cultura de una etapa precivilizada relatando la exclusión de la carne humana de la categoría del alimento. Los indios Chamula de México ofrecen un caso interesante, porque sus ideas ejemplifican cómo los límites del tiempo y del espacio se juntan cuando se trata del canibalismo. Los Chamula comparten una estructura mítica común de distribución mundial que incluye la creación de los seres humanos y su posterior destrucción debido a imperdonables pecados cometidos. Para ellos la actual es la cuarta recreación, y explican la desaparición de los habitantes de la primera etapa como causada por su costumbre de comerse a sus propios hijos. Después de relatar esto al antropólogo, algunos de los indios quisieron saber si los seres humanos todavía se comían entre sí en el lugar de procedencia de los investigadores, la lejana California (Gossen 1975).

Además de estar muy difundidas, estas historias también contienen con frecuencia el elemento común de hacer referencia al incesto en forma explícita o simbólica (cf. Lévi-Strauss

1969). Hay dos razones para esa ecuación. Primero, al igual que el comer carne humana, el incesto es una clara indicación de carencia de cultura. Por consiguiente, los caníbales eran acusados también de no tener prohibición del incesto. Subsiguientes investigaciones realizadas por antropólogos profesionales, con su interés por los sistemas de parentesco y matrimonio, han relegado ese mito al olvido. Segundo, en muchas culturas, incluyendo a la nuestra, hay una ecuación simbólica entre el sexo y la comida. En consecuencia el canibalismo en el pasado mítico, como entre los Chamula, a menudo adopta la forma de un miembro de la familia devorando a otro como el horror extremo. Hay muchas culturas en que el folklore retoma este tema, pero ninguna en forma más elaborada e instructiva que la nuestra, según lo expone Freud en *Totem y tabú.* Como si incesto y canibalismo no fueran indicadores suficientes de una etapa precultural, se añade un toque de parricidio, pues los hijos matan y se comen a su padre por acaparar las mujeres. En un subsiguiente estado de remordimiento, dejan el incesto y el canibalismo atrás y emprenden el camino de la civilización. Freud habla del suceso como de "este hecho memorable y criminal que fue el comienzo de muchas cosas —la organización social, las restricciones morales y la religión" (1950: 142). En efecto, la moralidad, en forma de organización social humana, contrapuesta a la animal, fue inventada de un plumazo, como lo evidencian los tabúes sobre el incesto y el canibalismo.

La ausencia de fracturas en la cultura, que con frecuencia resulta una idea agradable de contemplar para la mente humana, puede ser presentada del mismo modo. Esa técnica encontró un excelente ejemplo en la película barata y poco profesional titulada *The Night of the Living Dead,* que a pesar de las reseñas críticas adversas ha llegado a ser objeto de un culto contemporáneo. En una macabra escena el director hace retroceder el calendario de Freud hasta la etapa precultural cuando una joven es transformada en espíritu maligno y a continuación empieza a comerse a su madre. Así en un solo caso se violan los tabúes del incesto, el lesbianismo y el canibalismo, en forma explícita o simbólica. Los críticos, que muy a menudo están más interesados en la técnica que en el contenido, se han mostrado sinceramente asombrados y desalentados por el éxito de la película. Sin embargo, no se dan cuenta de que la película es verdadero horror en el sentido de que fija la atención del espectador en algo que está prohibido pero de todas maneras es fascinante como idea. Una escena como la descrita implica la libertad humana total al mostrar la ausencia de las más fuertes y elementales restricciones sociales, que incluyen la prohibición de la carne humana.

Volviendo a la reconstrucción mítica de Freud, podemos reconocer cómo implica también que la cultura es un producto masculino cuyas reglas fueron impuestas luego a las mujeres que —como en muchas de las deliberaciones de Freud— aparecen sólo como figuras pasivas. Aunque no es inmediatamente pertinente, esta última faceta de la historia señala indudablemente que nos enfrentamos a poco más que una invención culturalmente aceptable que tiene tan poco que ver con la realidad empírica como una película de horror.

Como los nativos en este caso, nosotros reconocemos el absurdo de aceptar tales reconstrucciones figurativas de un pasado imposible de conocer o representaciones de horror como verdades literales. Sin embargo, tempranos visitantes de muchas partes del mundo donde prevalecen visiones similares no distinguieron, intencionalmente o no, entre alegorías y descripción. Lamentablemente, esas concepciones equivocadas han llegado hasta la antropología contemporánea como evidencia de canibalismo inmediatamente antes de la llegada del primer occidental o antropólogo. La situación es comparable a la de un observador extraño a la cultura occidental que llegara a la conclusión de que antiguamente fuimos antropófagos porque el tema aparece explícitamente en la mitología griega y apenas tenuemente disfrazado en cuentos de hadas menos profundos como el de la Bella Durmiente, el de Hänsel y Gretel y el de Juanito y la planta de frijoles, para no mencionar más que unos pocos ejemplos.

En consecuencia, un antropólogo contemporáneo (Levy 1973) puede afirmar que

> Informes sobre la Tahití precristiana indican que otro aspecto simbólico del comer era la cuestión de ser comido uno mismo. Los tahitianos no eran caníbales en la época del descubrimiento europeo, pero sus vecinos de las Tuamotú y las Marquesas lo eran... y sus tradiciones indican que ellos lo habían sido en el pasado. Subsistía un vocabulario del canibalismo. El misionero Ellis anotó como ejemplos de insultos "ojalá te asen para que te coma tu madre", y "sácate el ojo y dáselo a tu vecino para comer"... una de las frases que designaban el incesto era, y aún es, ... "comer gente", que era también el término usado para el canibalismo (107-108).

Además de ejemplificar casi todos los aspectos del problema discutidos hasta ahora, el detalle etnográfico establece la ecuación directa entre incesto y canibalismo al utilizar el mismo término para los actos socialmente condenados. Es éste un tema común en la zona (Fischer *et al.* 1976, y Labley 1976). Los Yapeses, que comparten algunas de nuestras nociones, esperan una conducta de ese tipo de los habitantes de Nueva Guinea, que según afirman son caníbales, mientras que ellos no lo son. Al igual que Freud, afirman explícitamente que el incesto y el canibalismo son formas de sobrevivir por medio del "autoconsumo" y la negación de la cultura (Labley 1976: 171). A la luz de nuestra actual apreciación del folklore y los mitos de origen, es difícil entender cómo este tipo de información ha podido ser interpretada como evidencia histórica de canibalismo, sin embargo es una conclusión bastante corriente.

Hasta ahora el lector no ha tenido mayor oportunidad de considerar en forma original y completa el material que ha sido reinterpretado en este estudio como insuficiente para documentar adecuadamente el canibalismo. Los Azande, que como hemos señalado eran famosos caníbales africanos, tienen un texto sobre el tema que presentamos completo más abajo, en su forma traducida. Esto ofrece una breve oportunidad de evaluar el material sin intermediario:

En el pasado los Azande eran como animales de la selva, porque mataban gente y comían a sus semejantes igual que los leones, los leopardos y los perros salvajes. En el pasado cuando un hombre moría un ande afilaba su cuchillo, se acercaba al cadáver y le cortaba la carne, un par de cestos de ella, y se iba con esa carne a su casa. Tomaba una olla muy grande y colocaba en ella la carne humana hasta que la llenaba, y luego la ponía al fuego. Se cocinaba por largo tiempo, y después la sacaba del fuego para llevarla a una plataforma de secado sobre un fuego para secarla. De allí la tomaba y la cocinaba en su olla él mismo. La vasija que utilizaba para comer carne humana, otro hombre no la tocaría en ningún caso, siempre estaba guardada sola, aparte, y sólo él la tocaba. Su estufa estaba sola a un lado. Cuando estaba con ganas de comerse su hombre, encendía él mismo su fuego al pie de algún árbol, y tomaba su carne humana seca, unos tres o cuatro pedazos de ella, y los ponía sobre el fuego (en una olla), y tapaba la boca de la olla con otra olla más chica. Allí seguía hirviendo hasta estar cocida; mientras tanto su esposa molía ajonjolí para acompañarla. El hombre cocinaba (la carne) por sí solo. Su mujer cocinaba la papilla y se la daba junto a su carne. Él comía su papilla y su carne hasta que estaba satisfecho, y luego tapaba la boca de la olla y la ponía al lado del granero hasta que tenía hambre otra vez. Azande solía decir que comía a un hombre porque era buena comida. Un Zande solía decir en los viejos tiempos así: "¿Qué era un extraño para él?" Como era un extraño se lo comía por entero porque era carne. Pero ese asunto de comer gente en realidad empezó con los antepasados, el hombre cuyos antepasados comían hombres antes, él también la comía cuando crecía. Así es en verdad que los Azande solían comer gente en el pasado. Los clanes que solían comer gente en el pasado, como lo ha presenciado el propio Kuagbiaru, eran los Akpura, los Agiti, los Abamburo y muchos otros clanes además. Porque en el pasado casi todos los Azande solían comer gente. Los que no comían gente solían considerar a los que comían gente como leones, leopardos, hienas y perros salvajes. Tenían miedo de los que solían comer gente, diciendo que podrían comerlos a ellos también. Ellos eran a los ojos de los hombres gente horrible, repulsiva; otros se burlaban de ellos debido a que comían carne humana. Cuando venían al tribunal, los jóvenes guerreros se reunían alrededor de ellos para interrogarlos sobre eso; ya que comían gente ¿cómo hacían para comerlas? Todos se reunían alrededor de ellos para mirarlos (Evans-Pritchard 1956: 73-74).

No hay necesidad de cansar al lector con lo obvio. Baste con decir que éste no es el relato de un testigo presencial que sería el narrador o el traductor; se refiere a una época no especificada en el pasado; equipara a los pretendidos caníbales con animales carnívoros como no humanos y por último indica que la idea del canibalismo es "repulsiva" y "horrible" para la gente. En suma, el texto no proporciona base alguna para la creencia de que los Azande eran antropófagos antes del contacto con europeos, pero sí muestra muchas de las características de la evidencia que hemos comentado en este capítulo.

Otra explicación para la gran difusión de la idea del canibalismo también está estrechamente relacionada con la ausencia de distinción entre la visión que tiene una cultura exótica de lo sobrenatural y su visión del mundo natural. Aunque todas las sociedades establecen esa distinción, los visitantes casuales con poca o ninguna competencia en el lenguaje local suelen ser incapaces de detectar lo que sabemos que es una frontera a menudo sutil entre la realidad y la fantasía. Esto explica esas narraciones literarias que explican que los informantes admitieron franca y voluntariamente que había entre ellos algunas personas que comían carne humana. El resultado ha sido la acumulación de una enorme evidencia sobre el canibalismo, pero con frecuencia el material deja mucho que desear como documentación de comportamientos reales.

Por ejemplo, la difundida creencia de que los indios del noreste del Canadá son caníbales se basa en gran parte en su mitología referente a gigantes devoradores de hombres que recorren las desoladas selvas de la región, en los cuales ellos mismos creen hasta hoy. Sin embargo, se trata de algo más que una variación local de la historia de Juanito y la planta de frijoles, puesto que la idea del canibalismo en varias formas es un tema cultural dominante. Como demuestra Teichler, en las condiciones originales los nativos de esa desolada zona tenían con su ambiente una relación tan precaria que la supervivencia nunca se daba por segura. En consecuencia, abundaban las historias y los rumores de canibalismo como indicio de que algunas bandas de cazadores habían llegado al último recurso en la lucha por la vida. Más que temor a otros, el suyo era un miedo ansioso y personal de verse obligados a retroceder ellos mismos hasta ese acto salvaje si no tenían éxito en la caza. Por lo tanto, es probable que el canibalismo de supervivencia haya ocurrido efectivamente, pero es aún más evidente que esa posibilidad era contemplada por los indios con la mayor repulsión. Como señala Teichler en su meticuloso ensayo, no había ningún modelo de canibalismo ritual o conducta semejante en ninguna forma aprobada socialmente. En realidad, enfrentados a la elección entre el canibalismo y la muerte, a menudo elegían a la segunda (1960: 16).

Sin embargo, la historia no termina ahí, porque el noreste aborigen es famoso en la literatura de la antropología psicológica por la presencia de la "psicosis de windigo", aberración caracterizada por el deseo compulsivo de comer carne humana, que sólo podía satisfacerse cuando el "windigo" atacaba a miembros de su propia familia, lo que apunta nuevamente a la violación del tabú del incesto. No hace falta decir que el acto jamás era condonado, y la muerte del individuo afectado por obra de la comunidad era considerada como un lamentable acto de defensa propia, puesto que aquél era una amenaza constante para las relaciones sociales normales. Teichler (1960: 5) añade también que el afectado llegaba incluso a pedir que alguien terminara con su vida antes que continuar existiendo en esa deplorable situación. Los indios ofrecían una serie de explicaciones de esa extraña conducta, incluyendo la suposición de que la víctima de la enfermedad había probado secretamente la carne humana en alguna ocasión, empujado por la necesidad, y ya no podía satisfacerse con ninguna otra carne. Cualquiera que fuese la causa, existía acuerdo general sobre el hecho de que tal condición era lamentable y constituía un estado emocional anormal cuya expresión era conformada por temas culturales tradicionales. Tales estados psicóticos aparecen hasta hoy entre esos indios, pero ya no se fijan en el deseo de carne humana. Sobre esta base se podría afirmar que el canibalismo se ha extinguido en esa área, pero la evidencia anterior torna ridícula esa hipótesis.

Un último ejemplo, extraño pero al menos divertido, de evidencia de canibalismo, procede de un colega que vivió entre un grupo de África oriental con amplia fama de caníbal entre sus vecinos. El diálogo registrado es como sigue:

Antropólogo: —Este pueblo es famoso por comer carne humana. ¿Hay algo de cierto en esa historia?
Informante: —Nada en absoluto.
Antropólogo: —¿No hay caníbales entre ustedes?
Informante: —Así es.
Antropólogo: —¿Estás seguro? ¿Ni uno solo?
Informante: —Bueno, hay uno.
Antropólogo: —¿Quién?
Informante: —Mi cuñado. Él nos está dando mala fama a todos.

Lamentablemente, muy poco de la información referente al canibalismo tiene este aire divertido o un ritmo tan sospechosamente similar al de un diálogo de los hermanos Marx, pero la calidad es con frecuencia la misma. Según informantes de África a Nueva Guinea, quienes son acusados de ser caníbales por sus compañeros son también brujos. En realidad sería mejor decir que los acusados son en primer lugar brujos, que practican el canibalismo sólo como una de sus muchas tendencias antisociales. Además poseen la sorprendente habilidad de volar durante la noche, hacerse invisibles, transformarse en animales y matar a sus víctimas con sólo desearlo. Con frecuencia consumen a sus víctimas en forma tan mística que otros no notan lo que ha ocurrido. En un ejemplo de Nueva Guinea, la víctima no tiene más conciencia de lo que está sucediendo que el objeto de las atenciones de un vampiro, quien según nuestra clásica historia de horror expira lentamente a pesar de los esfuerzos de la ciencia médica y popular. Después de algunas referencias de pasada al canibalismo, el autor ofrece el siguiente pasaje, que parece ser una traducción directa de declaraciones nativas:

La hechicera ataca de noche cuando su víctima está durmiendo, o durante el día cuando no lo notas... La hechicera te golpea con un hacha de piedra y cuando caes inconsciente se come tu carne y luego te abandona. Tú despiertas sin acordarte de nada y sigues con tus actividades como siempre —luego enfermas y mueres (Barth 1975: 132).

Además de ser físicamente imposibles según nuestra visión del universo natural, esta visión y otras similares son reflejos de un mundo de pesadilla. Por lo tanto está clara la implicación de que, si alguna vez se produjera realmente un acto de canibalismo, comer carne humana sería considerado una actividad aborrecible antes que una costumbre aceptada. El no comprender que se hallaban frente a órdenes morales invertidos, antes que descripciones de acontecimientos concretos, ha llevado a algunos no antropólogos a sacar conclusiones absurdas sobre "la mente salvaje". Por otra parte, el mismo tipo de evidencia ha llevado a algunos antropólogos a considerar el valor nutritivo de la antropofagia. En ambos campos se ha dado el habitual proceso de selección a medida que parte de la información es descartada porque no concuerda con nociones establecidas, mientras que otras partes se conservan. Para decirlo en forma sucinta, nosotros reconocemos que las brujas no pueden existir porque la evidencia referente a ese fenómeno es científicamente insostenible. Suponemos que los caníbales existen, pero no porque alguien los haya observado materialmente en acción, puesto que no existe evidencia. La suposición se basa por lo tanto fundamentalmente en las acusaciones formuladas por un grupo o un individuo contra otros.

La significación de la creencia que pueden tener los miembros de una cultura acerca de la existencia de malignos seres sobrenaturales que buscan la carne de otros es difícil de comprender plenamente en abstracto. Afortunadamente, la exposición de Winter (1963) sobre la hechicería de los Amba como sistema de pensamiento permite una apreciación más significativa del tema. Los Amba son típicos agricultores bantúes que habitan en la frontera entre Uganda y Zaire en África central. Su ubicación fue suficiente para ganarles un lugar de honor en la lista de los caníbales, pero su peculiar visión del mundo sobrenatural prestó credibilidad adicional a esa creencia. Igual que otros muchos grupos africanos, los Amba creen que las desgracias personales son infligidas a las personas por hechiceros que durante el día parecen individuos normales pero de noche se transforman en malévolos seres sobrenaturales. El propósito primario de tales hechiceros es matar a sus confiadas víctimas para devorar su carne, que consumen en una forma mística de manera que el cadáver no muestra ningún signo exterior de haber sido tocado. Aun cuando los Amba aceptan la existencia de tales seres, las acciones de los hechiceros con su apetito antinatural de carne humana son consideradas reprensibles.

El carácter básicamente antisocial de esos macabros demonios se ve claramente al considerar en toda su amplitud el pensamiento de los Amba sobre este tema. Según ese sistema de creencias, los brujos actúan por la noche, andan desnudos, pueden transformarse en animales, comen sal cuando tienen sed, escogen sus víctimas entre los habitantes de su propia aldea, que son también sus parientes, trabajan en armonía con hechiceros de otras aldeas, y por último se cuelgan cabeza abajo de ramas de árboles. Este último rasgo, que es evidentemente el menos perverso, es también la clave más evidente hacia el patrón mental porque ilustra concretamente que lo que se cree es que los hechiceros han construido y habitan un universo física y moralmente invertido. Como explica Winter, los Amba opinan que la gente normal actúa durante el día, se avergonzaría de aparecer desnuda, no puede adoptar formas animales y cree en la cooperación pacífica con sus vecinos y parientes antes que con habitantes de otras aldeas, que son sus enemigos potenciales o actuales. No hace falta decir que cuando tienen sed los Amba ordinarios beben agua, no se cuelgan cabeza abajo de las ramas de los árboles y detestan la idea de comer carne humana.

Este patrón mental permite llegar a dos conclusiones claras: una, que los hechiceros Amba, y por lo tanto los caníbales Amba, existen solamente en la mente de sus creadores; y dos, que el canibalismo es visto como parte de un mundo antisocial, y por lo tanto no sería más aceptado que la práctica de chupar sangre por quienes tienen una estructura de creencias notablemente similar sobre los vampiros. Es preciso reiterar que los Amba creen firmemente en la existencia de tales enemigos dentro de sus fronteras. La biografía, por Winter (1959), de cuatro Amba contiene relatos voluntariamente hechos por quienes afirman haber tenido horrendos enfrentamientos de medianoche con devoradores de hombres cabeza abajo. Por lo tanto, sería tan inútil tratar de convencer a esos Amba, remotos y analfabetos, de que en realidad no existen los caníbales como lo sería intentar disuadir a sus colegas de la misma creencia de las grandes instituciones intelectuales del mundo occidental.

Tenemos hasta ahora a un grupo que acusa a otro de canibalismo o, más precisamente, a un grupo que admite la existencia entre ellos de figuras sobrenaturales con inclinaciones caníbales. La evidencia de este tipo no resulta muy sustancial cuando se considera en el contexto social y cultural adecuado, que incluye solamente creencias y acusaciones, pues nadie ha observado concretamente el acto. Si fuera éste el único tipo de documentación, sería difícil comprender cómo ha podido arraigar la creencia en el canibalismo de otros. Sin embargo, no toda la evidencia es tan manifiestamente frágil, pues, como ya hemos visto, en diferentes tiempos y lugares, por razones voluntarias o involuntarias, algunas personas se han reconocido caníbales. Muchos ejemplos de ello pueden extraerse de incidentes europeos, en que hechiceros y herejes, debido al tormento o al miedo, confesaron la ya familiar conjunción de canibalismo y orgía incestuosa en sus reuniones. Así la jerarquía eclesiástica dejó bien establecido que, sin la guía de la iglesia, la gente vuelve a una forma de comportamiento precultural y bestial.

Sin embargo, existe también un más pertinente ejemplo africano en que todavía se admite el canibalismo en esta época debido a las recompensas esperadas. Este peculiar caso se da entre los Bangwa de África occidental, entre los cuales, según escribe el antropólogo en turno, las confesiones de los "niños del cielo", como llaman a sus brujos-niños, son siempre "muy carnosas" y "la carne es humana" (Brain 1970: 173). Él registra con cierto detalle que, mientras estaba allí haciendo su trabajo de campo, un niño confesó a su padre que él y sus compañeros de juegos eran hechiceros que habían estado en el cielo, donde se habían comido a su hermanita. Como recompensa por haber admitido su nefaria broma, y sobre todo por haber prometido desistir antes que fuera demasiado tarde, el padre del niño mató una cabra y celebró un banquete en el que distribuyó la carne entre todos los niños complicados en la conspiración. Poco después la niña, que había estado enferma, sanó.

La explicación que ofrece el autor resuelve este misterio con admirable facilidad. Entre los Bangwa, sostiene, los niños son sobornados con la promesa de una oferta de carne, normalmente escasa, para que sustancien la visión adulta de una maldad sobrenatural. Además, al hacerlo los niños empiezan también a adoptar esa visión adulta. No tiene ninguna importancia que crean realmente o no en la hechicería o en la realidad de los hechos que relatan. Todos, incluyendo al típico niño de seis años de nuestra sociedad, saben que no es realmente Santa Claus quien trae los regalos de Navidad, pero esto no ha significado la extinción del mito, que tiene muchas utilidades. Lo que es importante, sin embargo, es que para los Bangwa, como para culaquier otra sociedad, es imprescindible una explicación para la persistente aparición de desgracias y males. Esta creencia en las pasajeras transgresiones de "niños del cielo" llena las necesidades tan bien como cualquier ser del inframundo.

Continuando con un examen de esta creencia en caníbales dentro de la misma sociedad, llegamos inevitablemente a esas acusaciones que expresan claramente la oposición entre los sexos. En algunos sistemas sociales donde esa dicotomía se expresa en forma de creencias antagónicas, como en muchos grupos de Nueva Guinea, la etiqueta de caníbal se adhiere con frecuencia a las mujeres. Entre los Hewa de Nueva Guinea, que han generado un sistema de este tipo, se cree que las brujas, que son siempre mujeres, son motivadas por su apetito de carne humana (Steadman 1975). Las sospechosas de brujería son a menudo muertas en el intento de evitar que eventualmente asesinen a sus víctimas, que son individuos efectivamente afectados por alguna enfermedad. Por consiguiente se trata de algo más que simples actitudes sexistas. En un momento de sinceridad raro en la disciplina, el antropólogo del caso señala inmediatamente que tales homicidios se producen aun cuando no hay evidencia de canibalismo. La definición de las mujeres en esta forma negativa es parte del general y difundido tema cultural que ve a las mujeres como fuente de peligro o contaminación para los hombres. Además, el antropólogo añade que, por medio de un sistema de tabúes alimentarios, las mujeres son privadas de casi toda proteína animal. Los hombres dan por sentado que como reacción frente a su dominación y monopolio de ese recurso escaso, las mujeres recurren al canibalismo por hambre de carne y deseo de retribución. El resultado de esta culpa y miedo colectivos es que los hombres creen que las mujeres son capaces de realizar los más depravados actos antisociales, y ese punto de vista es transmitido naturalmente a cualquier visitante, del misionero al médico, por el típico informante de sexo masculino. Con todo, en este caso, el intérprete inteligente logró descifrar el significado del sistema de creencias, en lugar de simplemente registrar de pasada, como hacen muchos de sus colegas, que las mujeres Hewa eran antiguamente caníbales.

Como lo indican los ejemplos anteriores, en sociedades más simples, donde las divisiones sociales internas básicas existen entre las generaciones o entre los sexos, las mujeres y los niños son presentados con frecuencia como brujos y caníbales por los dominantes hombres (Lévi-Strauss 1975). En pueblos donde los principios de parentesco desempeñan un papel organizacional más significativo, miembros de clanes diferentes, especialmente si existe intermatrimonio sistemático, son sospechosos de este tipo de actividades. Los parientes políticos nunca son enteramente de confianza en ninguna sociedad. En los sistemas sociales más complejos, caracterizados por alguna forma de división interna basada en la distribución desigual de la riqueza y/o el poder, la clase oprimida y la clase opresora se miran mutuamente a través de un espacio enturbiado por juicios morales. Se supone que los pobres y desvalidos son ignorantes, holgazanes y sucios y poseen otra serie de características por el estilo. No es fácil devolver esas acusaciones a la minoría privilegiada, de la cual se supone en cambio que se deleita en diversas formas de decadencia situadas más allá de las gentes ordinarias. Así, los informantes de Sahagún, en una de las escasas referencias directas al canibalismo, afirman que después de sacrificar a los esclavos en la pirámide, los cocinaban y "después de cocidos comíanlos los señores y principales; la gente popular no comía de ellos" (lib. II, apénd. II, 76; 1975: 164).

La misma creencia tenían, al otro lado del mundo, la gente del pueblo de Fiji con respecto a su clase aristocrática. Hay incluso instancias registradas en que la élite política intentó utilizar esas sospechas como soporte ideológico de su régimen. La estrategia implicaba insinuar que la aristocracia consume carne humana y también con frecuencia se casa en forma incestuosa y llamar al pueblo a reconocer a sus gobernantes como seres de otro orden, no limitados por la moralidad convencional. Como seres sobrenaturales, gobiernan por mandato divino, no por legitimidad humana (cf. Miller 1976: 242-251). Antes de descartar este argumento como un intento de diluir la evidencia en favor del canibalismo, recuérdese que los africanos ordinarios tenían las mismas sospechas acerca de sus amos coloniales europeos. ¿Sobre qué base hemos de ignorar una de las acusaciones mientras aceptamos las otras dos como hechos etnográficos? Para nosotros, la historia de un miembro de la nobleza europea que chupa la sangre a los campesinos es una vigorosa imagen con ribetes simbólicos. Quizá lo mejor sería contemplar todas las historias de este tipo como folklore, antes que tratar a algunas de las procedentes del mundo no europeo como realidad y a otras como folklore.

Este examen del tipo de material que con tanta frecuencia se ha utilizado descuidadamente para apoyar la proposición de una existencia casi mundial del canibalismo, sugiere que hace falta una reordenación básica de los datos etnográficos. Clasificar las sociedades según la manera como recurren a la antropofagia, en el sentido de si son endocaníbales o exocaníbales, caníbales rituales o caníbales gustatorios, parecería ahora un ejercicio intelectual dudoso, puesto que carece del más elemental apoyo documental. Si hay un problema clasificatorio para quienes sientan la necesidad de enfrentarlo, gira en torno a la pregunta de qué piensan las sociedades sobre el fenómeno del canibalismo. Algunos grupos reservan esa categoría para las sociedades vecinas: en esa forma definen su sentido de la dignidad y trazan el límite entre la civilización y la barbarie contemporáneas. Otras pueden emplear la idea como un hito mítico en el progreso de su propio desarrollo cultural, lo que implica postular la ingestión de carne humana como una etapa social anterior que ya ha sido superada. Finalmente, el concepto de canibalismo puede reservarse a miembros contemporáneos de la propia sociedad en el intento de explicar la constante existencia del mal y la desgracia.

Sería fácil proponer un sistema de categorías de este tipo, pero implicaría un innecesario abuso del lenguaje. Un mecanismo ordenador de ese tipo con frecuencia sugiere que un problema ha sido resuelto simplemente porque responde a un proceso intelectual mecánico. Además, el resultado final sería una excesiva simplificación artificial. La idea del canibalismo es tan atractiva y tan útil que una sola sociedad puede interpretar el concepto en numerosas formas en distintos momentos o en el mismo, dependiendo del problema específico. La mente humana es capaz de generar mensajes simbólicos extremadamente sutiles que afortunadamente con frecuencia desafían los mejores esfuerzos de quienes intentan descodificar su estructura. Algunos breves ejemplos más ilustrarán el sorprendente carácter del problema de la interpretación.

Como se ha sugerido antes, la idea de consumir el cuerpo humano es contemplada a menudo como el acto más profano imaginable. En consecuencia, en todo el mundo, el temor a esa posibilidad es utilizado comúnmente para expresar la forma más básica de malevolencia. Sin embargo, por la paradoja que es la religión, en el sentido de que con frecuencia impone la suspensión del razonamiento y las pautas cotidianos, el propio concepto de comer carne y sangre humanas se transforma en el más sagrado de los actos. En esta forma los sistemas religiosos demuestran su superioridad ideológica sobre otros preceptos morales y la mente humana.

La idea de la comunión con lo sobrenatural a través de un banquete eucarístico no es un lugar común, pero tampoco es posesión exclusiva del pensamiento judeocristiano. Por ejemplo, Goody (1962) registra que entre los Lo Dagga de África occidental, durante la ceremonia fúnebre se sacrifica un venado en nombre del muerto. Los parientes comen esa carne afirmando que se trata de la carne del muerto, no del animal. Además, como sabemos, para gran consternación de sus conquistadores europeos los mexicas hacían imágenes comestibles de su deidades para consumo en banquetes rituales. Es inútil señalar a los involucrados que no hay allí carne real, porque la transformación es un hecho misterioso que está más allá de las explicaciones.

Enfrentar esta ingeniosa facilidad simbólica de la mente es una empresa erizada de dificultades, como lo demuestra el intento de comprender el significado de la comunión eucarística en nuestra propia cultura. El más significativo de los rituales cristianos podría ser descartado como un mero acto consciente, mecánico y simbólico por parte del celebrante si no fuera por la insistencia de los verdaderos creyentes en que las sustancias ordinarias se han convertido en carne y sangre. En otras palabras, los indígenas exigen una interpretación estricta antes que simbólica del acto, que implica la ingestión de carne humana.

Mary Douglas señala que los pensadores cristianos contemporáneos que han tratado de interpretar la eucaristía como un evento simbólico han sido regañados *ex cathedra* por el papa. En la encíclica *Misterium fidei*, de 1965, Paulo advierte a los fieles que sería espiritualmente fatal

> estar tan preocupados por la consideración de la naturaleza del signo sacramental que se cree la impresión de que el simbolismo —y nadie

niega su existencia en la santísima Eucaristía— expresa y agota todo el significado de la presencia de Cristo en este sacramento. Tampoco es correcto tratar el misterio de la transustanciación sin mencionar el maravilloso cambio de toda la sustancia del pan en el cuerpo de Cristo y toda la sustancia del vino en su sangre (cit. en Douglas 1970: 46-47).

Como comenta Douglas, estas palabras son tan terminantes como las de cualquier fetichista no cristiano acerca de la presencia física de la deidad (47).

A la luz de esta sorprendente habilidad del intelecto humano para exigir la suspensión de la actividad intelectual, no es realmente difícil comprender cómo tantas personas han llegado a convencerse de que otras culturas practican realmente el canibalismo. Si representantes de esas culturas admiten colectiva o selectivamente consumir carne humana en rituales sagrados y secretos, sólo cierta mentalidad especial negaría la conclusión más evidente de que las gentes en cuestión son caníbales. Sin embargo, es precisamente esa mentalidad especial lo que tenemos derecho de esperar de quienes afirman tener la capacidad especializada de comprender y no sólo reunir información al azar sobre otras culturas.

El viaje a través del mundo de los antropófagos ha sido con frecuencia atormentador, pero finalmente hemos llegado al punto en que podemos apreciar mejor la contribución y el papel de la antropología en el "complejo caníbal". Este discurso final es necesario porque hay más en juego que una estrecha similitud entre la forma como se escribe y pronuncian dos palabras. Antropología y antropofagia, como visiones del mundo exterior, han tenido una cómoda relación de apoyo mutuo. Es posible que en su forma actual la una no pudiera existir sin la otra.

6. EL MUNDO MÍTICO DE LA ANTROPOLOGÍA

El material considerado en los capítulos precedentes muestra claramente que los antropólogos no han hecho ninguna tentativa seria para desengañar al público de la idea corriente sobre la ubicuidad del canibalismo. Las escasas excursiones en esta dirección general, caracterizadas por un cuidadoso escrutinio de la evidencia y conclusiones muy cautas (cf. de Mortillet 1886, y Montagu 1937) han languidecido en la oscuridad, o sería más apropiado decir que sus afanes quedaron enterrados bajo una masa de informes más sensacionales que exageran la magnitud y el concepto de antropofagia. La posibilidad de reducir el número de los caníbales o la incidencia del canibalismo no atrae ni a los productores ni a los consumidores de ideas; es evidente que las preferencias se inclinan hacia la transformación de los sospechosos de canibalismo en endocaníbales rituales confirmados y después, en el siglo XX, en exocaníbales gustatorios en gran escala. El caso de los mexicas es un ejemplo clásico de esa tendencia, que adquirió impulso sin la acumulación de evidencia adicional sobre el acto mismo. La idea y la imagen del canibalismo se expanden con el tiempo y el apetito intelectual. Sólo la calidad superficial de la documentación permanece constante.

En las hábiles manos y las fértiles imaginaciones de algunos antropólogos, los antropófagos antiguos o contemporáneos se han multiplicado con el progreso de la civilización y el trabajo de campo en zonas culturales no estudiadas previamente. La existencia de pueblos comedores de hombres poco más allá de las fronteras de la civilización es una sugerencia etnográfica corriente. Cuando el Mediterráneo era el centro del universo cultural europeo, Herodoto suponía que la antropofagia florecía en Europa oriental, mientras que Estrabón abrigaba los mismos temores acerca de los bárbaros de la frontera occidental. Así, en buena compañía y en forma clásica, una reciente enciclopedia de la antropología para la presente generación de estudiantes registra que el canibalismo "sólo se practica hoy en las zonas más remotas de Nueva Guinea y Sudamérica" (Koch 1976: 66). Al igual que los pobres, los caníbales siguen entre nosotros, pero felizmente siempre un poco más allá de las posibilidades de observación.

Los etnógrafos profesionales no afirman clara y abiertamente haber observado la costumbre, ni tampoco la condenan. En cambio, se limitan a transmitir sus informaciones en lo que ellos consideran una forma apropiadamente objetiva. Sin embargo, sería ingenuo no reconocer que el mensaje será interpretado en otra forma por el público no profesional. La insistencia en el tema del canibalismo tiene una serie de consecuencias, que incluyen la transformación de conceptos científicos en una noción de salvajismo más popular; eso no es nada sorprendente ni inesperado, pues la conformación de las imágenes públicas de los rincones misteriosos del mundo siempre ha sido una función de los viajeros. Este arreglo antes casual ahora se ha institucionalizado como la disciplina llamada antropología en las sociedades industrializadas. El proceso de crear la oportunidad de la emergencia de una clase profesional de estudiosos de lo culturalmente desconocido ha creado a su vez un sistema de comunicaciones más complejo. Las necesidades y los intereses de quienes crean y seleccionan la información a transmitir deben ser tenidos en cuenta como factor adicional.

En consecuencia, la comunicación entre el especialista y el lego se ha vuelto sutil. Además de recolectar, traducir y filtrar los datos necesarios, la antropología ha servido con frecuencia como resucitadora y reinventora de la idea de salvajismo. Nuevamente los mexicas ofrecen un ejemplo. En el siglo XVI fueron definidos inicialmente por la primera generación de etnógrafos como salvajes debido a su canibalismo ritual. Con el tiempo esa idea se desvaneció a medida que por un largo período se encomiaban merecidamente sus realizaciones culturales. En la actualidad, la segunda generación de etnógrafos restablece el equilibrio al volver a llamar nuestra atención hacia el canibalismo, que ahora algunos ven como de magnitud mucho mayor que la jamás soñada por aquellos pobres frailes despistados que no poseían los conocimientos ni la actitud científica de sus colegas contemporáneos. Nuevamente es preciso mencionar que la evidencia circunstancial sobre el canibalismo tenochca no ha aumentado por el descubrimiento reciente de materiales desconocidos sobre su cultura tradicional. Más bien son los antropólogos los que afirman dominar ahora técnicas más refinadas para la medición de factores demográficos y calóricos en la lucha por resolver el enigma de los sacrificios mexicanos. Esto significa que en lugar de simplemente aumentar la literatura, la antropología ofrece también una explicación liberal y seudocientífica para lo que nuestra cultura define como comportamiento salvaje, al instruir a los legos en las complejidades inherentes al estudio de otras culturas.

El antropólogo sugiere que los indígenas en cuestión no eran en realidad tan bárbaros como pueden parecerle a primera vista al lector no iniciado. Según los especialistas en la búsqueda del oculto y auténtico sentido de "tales prácticas bárbaras" (Murdock 1934: 395), las gentes sólo comían trocitos diminutos de carne humana durante rituales secretos o en el curso de los servicios funerarios como señal de respeto por el difunto, o sólo recurrían a la antropofagia en gran escala debido a la falta de fuentes de proteínas adecuadas para el mantenimiento de la población. Así, esos antropólogos proponen que la conducta indígena es comprensible e incluso excusable cuando se aplican medidas científicas más esotéricas al problema moral. En esta forma, afirman ser árbitros a la vez subjetivos y científicos de la condición humana.

Es éste un momento oportuno para recordar los grandes debates de mediados del siglo XVI entre las mayores figuras intelectuales del imperio español sobre la cuestión de las propensiones morales de los indios del Nuevo Mundo. La controversia entre los académicos contemporáneos acerca de si los mexicas comían carne humana en respuesta a las exigencias de su religión o de su medio ambiente desciende directamente de esa corriente liberal de la academia occidental. Contra la acusación de que esos indios caníbales eran por naturaleza moralmente inferiores a los españoles, su defensor Las Casas esgrimió el argumento de que eran simplemente almas sumidas en el error que podían ser salvadas por la misión civilizadora cristiana. Es innecesario decir que el marco mental flexible de Las Casas era defendido también por los profesores más liberales de las principales universidades españolas (Keen 1971: 81). Uno de los pocos puntos brillantes, si se le puede llamar así, de la historia de la compleja mitología del canibalismo ha sido la disposición de los intelectuales de todos los tiempos a adelantarse a defender a los antropófagos y absolverlos de toda culpa. En nuestra época, en lugar de frailes eruditos con su dominio del derecho canónico y la lógica aristotélica, encontramos profesores eruditos que citan tablas de calorías y el estructuralismo de Lévi-Strauss para "explicar" el canibalismo. En sus respectivas épocas, ambos han asumido la responsabilidad de defender la mente y el cuerpo salvajes sin prestar la menor consideración al problema de la evidencia. Como veremos, indios sin almas que salvar o sin extrañas costumbres que interpretar no tendrían mayor valor para misioneros y antropólogos. Cuando se trata de trabajar las supervivencias indígenas, con frecuencia ambos grupos adoptan la misma posición.

Una vez presentadas las excusas del caso por las pasadas transgresiones morales de los ignorantes indígenas, el trabajador antropológico de campo puede también informar, como hemos visto, que el contacto con la civilización occidental ha tenido como resultado inmediato el abandono de esa costumbre que nuestra cultura ve con tanta fascinación y horror. Afortunada y sorprendentemente, ésa suele ser la única característica que los indígenas han abandonado con tanta facilidad. Otras costumbres que tampoco son apreciadas por los agentes de la moralidad occidental, pero que se han encontrado efectivamente, logran de algún modo seguir siendo una parte vital de la cultura, a pesar de los resueltos esfuerzos de otros por erradicarlas. Un cínico bien podría sugerir aquí que nada desaparece tan fácilmente como lo que nunca ha existido. Como quiera que sea, el etnógrafo moderno está justificado en el cumplimiento de los mandatos de su universidad y la agencia que lo beca para informar sobre sociedades exóticas.

La típica reinterpretación apologética del canibalismo puede encontrar un público apreciativo entre los intelectuales, pero no logra disuadir al lego de la inferioridad esencial de los sujetos del discurso. Tampoco los argumentos corrientes dan motivos al consumidor para cuestionar el supuesto de la superioridad moral e intelectual de la civilización occidental que normalmente es un rasgo intrínseco de la perspectiva antropológica. Tipifica esta actitud Margaret Mead, que con tanta frecuencia ha servido como portavoz de la antropología norteamericana. Recientemente un reportero de una revista popular le pidió que explicara su perenne optimismo después de tantos años dedicados al estudio de las rarezas, a menudo desalentadoras, de nuestra especie, y ella reveladoramente respondió: "Pero yo he visto a los hijos de cazadores de cabezas y antropófagos convertirse en abogados y médicos y plantearse complicados problemas matemáticos y filosóficos y andar por ahí con *The Oxford Book of Verse*" (Anón. 1977: 25). De antropófagos a críticos literarios en una generación: ¿qué mejor testimonio de la generosidad de nuestra civilización occidental? Más que ninguna otra cosa, este tipo de sabiduría antropológica confirma nociones ya existentes y cargadas de valores acerca de nuestra propia cultura y otras, agregándoles los soportes del liberalismo y el cientificismo. En suma, sin los beneficios de la antropología contemporánea, el mundo civilizado estaría en peligro de olvidar los caníbales extinguidos y nadie le proporcionaría nuevos ejemplos de caníbales vivientes. Después de haber mantenido con vida el asunto, los antropólogos lo alimentan en un invernadero de ciencia seudointelectual y liberalismo despistado.

No es difícil ver que nuestra visión popular del universo cultural y sus habitantes difiere poco de la dicotomía "nosotros-ellos" prevaleciente entre los grupos de otras partes del mundo que consideramos intelectualmente inferiores a nosotros. Sin embargo, como corresponde a una sociedad más compleja, nosotros contamos con los servicios de una disciplina académica especial para sistematizar las simples nociones que deben ser suficientes entre pueblos primitivos. Al ordenar el material sobre otras culturas, la antropología funciona también como categoría intermedia entre ellos y nosotros, representada por quienes han vivido en ambos mundos y por lo tanto afirman comprender tanto la mente salvaje como la civilizada. Desde esta perspectiva, los antropólogos surgen y funcionan como intermediarios clásicos en el reino ideológico al servir a dos amos: uno vive en algún rincón del mundo y proporciona la sustancia de su estudio, mientras que el otro llena el verdadero centro de su universo como sostenedores y consumidores de sus traducciones culturales. En esa juntura intelectual de dos mundos, el antropólogo a la vez genera y media diferencias a través de la explicación de la variación cultural. En esta forma, los puntos de discusión nunca se resuelven completamente, porque esa posición tan delicada depende del mantenimiento de un indispensable grado mínimo de tensión y oposición cultural. El proceso de suministrar una justificación continua para la idea de que antropófagos actuales pueblan todavía los lugares más remotos del globo, y a continuación combatir las imágenes más crudas que esa idea evoca por medio de un corpus de conocimientos a menudo mistificador, es un buen ejemplo.

En una colección de inteligentes ensayos sobre los fundamentos y el alcance de la antropología social, una figura importante ha señalado que los beneficios de su pensamiento estaban destinados a los especialistas y colegas, puesto que la antropología no tiene mayor influencia sobre la forma como sus contribuciones son interpretadas y utilizadas por el público (Douglas 1975). Esto puede ser verdad hasta cierto punto, pero también es claro que en algunos casos el público menos erudito hace exactamente lo que más conviene a los estudios, en términos de proporcionarles una función social continuamente aprobada. Por lo tanto, si los antropólogos socavaran la frontera caníbal, simbólicamente cargada, el resultado estaría lleno de peligros potenciales. Simplemente sostener la posibilidad de un tabú universal sobre el canibalismo afectaría la imagen pública de la disciplina y el apoyo que recibe. La tarea esperada y hasta ahora exitosa del antropólogo ha sido elucidar cómo somos a la vez semejantes a otras poblaciones humanas y diferentes de ellas. Llegar al extremo en cualquier dirección va en contra de significativas y bien definidas ideas populares sobre la variabilidad humana. Los salvajes no pueden ser ni demasiado nobles ni demasiado innobles.

Si esta línea de razonamiento es correcta, la antropología tiene un evidente interés en mantener algunas fronteras culturales esenciales —una de las cuales es la frontera caníbal— y reforzar constantemente conclusiones subjetivas acerca de la oposición entre civilizado y salvaje. Como antropólogo no me resulta fácil llegar a esta conclusión o mantenerla. Sin embargo, aún más difícil me resulta explicar sobre otras bases que éstas la omnipresencia y tenacidad de la creencia en el canibalismo basada en la evidencia de segunda mano más tenue y contradictoria. Ya hemos aducido muchos ejemplos para probar esa afirmación, pero uno más mostraría una faceta adicional del problema.

Un oficial inglés que viajaba por el norte del Japón durante el siglo XIX escribió que aun cuando un misionero había informado sobre el canibalismo de los Ainu, él se veía obligado a expresar su desacuerdo, lo que hizo claramente con los siguientes comentarios:

> Por mi propia experiencia personal —y permítaseme agregar que yo soy el único extranjero que ha visto a estos Tokachi... llegué a una conclusión muy diferente. Descubrí que no sólo no eran caníbales, sino que, en conjunto, eran los Ainu más pacíficos, amables y bondadosos que he encontrado durante mis peregrinaciones por las tierras de los hombres peludos... No tengo ningún deseo de imponer mi opinión al público como la correcta. No hago sino describir lo que he visto efectivamente en un distrito donde otros que han escrito sobre el tema jamás han puesto los pies, y dejo a mis lec-

tores el juzgar quién tiene más derecho a ser escuchado (Landor 1893: 139).

El honesto Landor estaría justificadamente decepcionado si supiera que en el siglo XX, entre los que han hecho una profesión del estudio de otras culturas, la afirmación del misionero es todavía más aceptable, puesto que los Ainu aparecen en las Human Relations Area Files bajo el rasgo cultural "canibalismo". Es más que probable que se horrorizara al encontrar su propio nombre citado en el mismo lugar como potencial fuente de información sobre el canibalismo ainu. Esta tendencia de los antropólogos a presentar en vivos colores a otros como categóricamente diferentes de nosotros no se limita a este problema, ni ha pasado enteramente desapercibida. Lévi-Strauss. el maestro del estructuralismo, ha señalado que su revisión de la literatura sobre el totemismo lo llevó a una conclusión inesperada. Dice:

> La comparación con el totemismo sugiere una relación de otro orden entre las teorías científicas y la cultura, una relación en que la mente del propio estudioso desempeña una parte tan grande como las mentes de los estudiados; es como si estuviera buscando, consciente o inconscientemente, y con apariencia de objetividad científica, hacer a estos últimos —ya se trate de enfermos mentales o de los llamados "primitivos"— más *diferentes* de lo que realmente son (Lévi-Strauss 1963: 1; subrayado en el original).

Esta comprensión profunda no impidió al autor elaborar en otra parte un sistema de clasificación para el canibalismo (Lévi-Strauss 1969), pero su afirmación inicial sigue siendo válida.

Justo antes de estos comentarios adicionales sobre el problema de la evidencia se había sugerido que los antropólogos estaban implícitamente manteniendo la noción de canibalismo con el fin de mantener el interés y el apoyo público. Sin embargo, ésa no es toda la historia, pues ninguna explicación única podría explicar adecuadamente la naturaleza de este sutil complejo intelectual. Las observaciones de Lévi-Strauss sobre la naturaleza de la mente científica estimulan otra línea de razonamiento que considera cómo definen tanto los antropólogos como el público la perspectiva adecuada de la disciplina y de sus practicantes. Una idea a la que se debe reconocer mucho mérito para la elucidación de algunos de los rasgos más finos del problema fue propuesta por un colega alemán que batallaba más o menos como yo con el tema del canibalismo (Frank 1977). Alguna información previa que llevó a la comunicación entre nosotros permitirá comprender más a fondo la significación de su idea.

Al realizar investigación bibliográfica sobre el canibalismo con la intención de aislar algunos informes detallados que estaban ausentes de las publicaciones más accesibles, me molestó la falta de documentación. Algún tiempo después presenté algunas observaciones sobre eso, en forma preliminar, a un público de antropólogos que reaccionaron con bastante cortesía pero me aconsejaron consultar fuentes adicionales. Sus recomendaciones fueron debidamente seguidas, pero además coloqué un anuncio en la *Newsletter* de la American Anthropological Association, pidiendo a quienes hubieran presenciado realmente actos de canibalismo que se pusieran en contacto conmigo. Suponía que debía haber algunos trabajadores de campo entre los grupos que todavía practicaban el canibalismo en el interior de Sudamérica o Nueva Guinea, de los que siempre oía hablar, que estuvieran dispuestos a compartir sus experiencias directas. Recibí cuatro respuestas, pero ninguna del tipo esperado. Un antropólogo me refería a otro, que dijo que el primero debía estar equivocado pero me sugirió un tercero, el cual respondió que el segundo estaba confundido, y ahí terminó esa pista. Sería poco realista suponer que existía alguna reticencia a admitir haber observado la costumbre, puesto que tal como están las cosas hubiera sido todo un triunfo antropológico. Luego recibí una nota de un filósofo que me solicitaba que compartiera con él mis respuestas pues estaba interesado en la cesación del canibalismo como etapa significativa en el desarrollo moral de otras culturas. La tercera respuesta llegó desde la propia Nueva Guinea, y estaba escrita por un psiquiatra, quien me informaba que, aunque él no había presenciado el acto, tenía a su cuidado a un psicótico que afirmaba haber matado y comido a su hijo —con el objeto de inducir a las deidades locales a entregarle un cargamento de artículos de fabricación occidental.

Finalmente, algún tiempo después, llegó la cuarta y más sorprendente respuesta, de un estudiante de posgrado alemán que había escogido el análisis del canibalismo en el Amazonas como tema de su tesis. Había tenido un problema, sin embargo. Su investigación en todas las publicaciones desde el siglo XVI hasta el XX no había descubierto una sola descripción de primera mano del acto mismo en esa zona, que se supone ser una de las últimas reservas de caníbales del mundo. Casi todos los libros que leía mencionaban su existencia, pero, como siempre, se basaban en otras fuentes que nunca se materializaban como relatos de testigos presenciales. Me preguntaba si yo podría ayudarlo compartiendo con él mis respuestas de los colegas que sin duda habrían estado en contacto con antropófagos practicantes. A mi vez le informé que no se había presentado ninguno, y le comuniqué algunas de mis conclusiones. Él admitió que había propuesto algunas ideas paralelas a sus examinadores universitarios, quienes decidieron que, a la luz de su conocimiento de la abrumadora evidencia existente sobre canibalismo en esa área cultural, estaba equivocado. El hecho de que ellos nunca hubieran visto los documentos, mientras que él los había examinado meticulosamente, no parecía tener la menor importancia. Además de acusarlo de ignorar los hechos, sus mentores sugirieron que estaba demasiado enamorado de los indios que constituían el tema de su investigación para aceptar la idea de que caían en formas de conducta consideradas repugnantes por los occidentales. Evidentemente le recordaron que se trataba de indios sudamericanos, no civilizados europeos. En otras palabras, los académicos acusaban a su discípulo de etnocentrismo por no aceptar sus prejuiciados puntos de vista. Teniendo presente esta situación, especialmente en términos de premios y sanciones, resulta más fácil comprender cómo los Bangwa niños mencionados antes empiezan a aceptar la visión de sus mayores de brujos celestiales caníbales en un pueblo analfabeto a medio mundo de distancia.

La interpretación de Frank de este incidente típico es reveladora. Con frecuencia la respuesta de los colegas a la idea de que la noción de canibalismo carece de fundamento ofrece una clave para la comprensión del significado y la función de ese concepto para el antropólogo. Frank sugiere que la aceptación acrítica del canibalismo es un medio primario por el cual los antropólogos pueden manifestar su identificación con la premisa básica de la disciplina de relativismo cultural, que admite la existencia de todas las variedades posibles de comportamiento humano. El análisis *blasé* y aparentemente desapegado de la práctica descrita también indica un relativismo moral que es otra de las características de la mente profesional. Lo que otros ven como un defecto social, para el antropólogo no es sino una costumbre curiosa o un enigma tan digno de estudio como cualquier otro rasgo cultural extraño. Así, aceptar inmediatamente y luego abstenerse de moralizar explícitamente acerca de la naturaleza caníbal de otros es ser un antropólogo. Este proceso ilustra el abandono de la capa etnocéntrica que supuestamente distingue al público lego del profesional. Esa actitud tiene también una significación personal, pues con frecuencia mi insistencia en la búsqueda de pruebas dignas de confianza que apoyaran la suposición de canibalismo ha sido interpretada por colegas como repugnancia o negativa a admitir la posibilidad de la práctica, lo que se toma como indicación de una mentalidad poco científica o etnocentrista. Como lo descubrió Frank, no es fácil seguir investigando el problema en forma objetiva frente a insinuaciones tan delicadas y a la vez tan serias. No quiero decir que los antropólogos estén metidos en una conspiración intelectual consciente para engañar a los restantes miembros de su cultura, o para imponer arbitrariamente sus opiniones a los individuos que duden de ellas, pero al mismo tiempo es preciso reconocer, como lo ha señalado Lévi-Strauss, que la mente del antropólogo a menudo juega en los campos de la naturaleza humana. Reflexiones sobre la naturaleza de la disciplina, que necesariamente implica una visión del mundo compartida, provocan esta sospecha.

La insistente dependencia de la antropología con respecto al caníbal, por un lado, y al aura de divertido distanciamiento científico, por el otro, es más evidente que nunca en los libros introductorios que, sobre este problema, confirman y sistematizan las nociones prevalecientes de cada generación. Uno de esos volúmenes (Pearson 1974: 255) presenta una figura de un africano con los dientes incisivos limados; el autor, de acuerdo con traficantes de esclavos árabes, informa el estudiante de que ese limado "es una costumbre frecuente entre caníbales". El individuo en cuestión no es otra cosa que un Zande, los cuales, como sabemos por quienes nunca estuvieron entre ellos, habían dejado de ser antropófagos un siglo antes, cuando fueron pacificados por agentes coloniales europeos. En realidad, lo que este autor particular presenta como evidencia es la actitud de sus vecinos del norte, quienes tradicionalmente han considerado a los Azande y demás pueblos emparentados con ellos como culturalmente inferiores (Buxton 1973). Otra empresa educacional de este tipo (Collins 1973) elige para ilustrar una lección económica sobre sistemas redistributivos la descripción de cómo se "reparten" las partes de un cautivo durante un banquete antropofágico entre los inolvidables Tupinambá.

El autor describe el acontecimiento en presente, a pesar de que el caso está tomado de un ensayo de otro antropólogo escrito alrededor de treinta años antes (Métraux 1948), que a su vez se basaba en las reminiscencias de Staden, del siglo XVI. No se menciona el hecho de que los objetos de tan desapasionado análisis no sobrevivieron al siglo XVI, y aparentemente ni siquiera sirvió para sugerirle al autor que podía ser más apropiado hablar de ellos en pasado.

Luego tenemos el caso de un texto sumamente popular que menciona sin razón aparente y sin citar fuente alguna que en el Congo los cautivos eran aprisionados y engordados para un banquete "como los gansos sobrealimentados en Francia" (Hoebel 1972: 147). Así, el estudiante normal ingresa a la universidad con vagas ideas sobre el estudio del hombre y una nebulosa creencia en el canibalismo y sale de ella algunos años después con un refinado gusto por las sutilezas tanto de la antropofagia como de la antropología. Los padres del estudiante, que pueden carecer de las ventajas de una educación superior pero están ensanchando sus horizontes por medio del turismo a Hawaii, pueden recibir información similar en la tienda de regalos de un importante museo antropológico de allá, donde pueden adquirir "auténticos tenedores de caníbal" hechos en Fiji que, según instruye al comprador la envoltura, eran originalmente usados por los jefes, puesto que era *tapu* que el alimento en cuestión tocara sus "labios". Añade que los misioneros terminaron con la práctica y sugiere que el propietario puede en cambio utilizarlos como tenedores para encurtidos.

Destruir o reorientar los errores populares ha sido siempre una función reconocida de la élite intelectual en cualquier época. Nunca es una tarea fácil, pero sin embargo las comunidades académicas han obtenido algunas victorias laudables en su misión civilizadora interna. Sus aportes han tenido además implicaciones morales, puesto que los esfuerzos académicos a menudo tienden a impulsar una visión tanto ética como intelectualmente más elaborada del mundo y sus habitantes. En consecuencia, resulta particularmente difícil hacer entender que es posible que la erudición pueda tener en algunos casos la función contraria. Contestar las ideas respetadas por el científico es cosa muy peligrosa, porque los bien dotados e instruidos, más que la comunidad menos refinada, son los más intransigentes frente a los ataques contra las que suponen corrientemente ser verdades evidentes por sí mismas. En cualquier contexto, los legos están acostumbrados a ser instruidos; sin embargo, los que han llegado a sentirse cómodos con la responsabilidad complementaria de iluminar a otros suelen ver con disgusto, en forma bastante natural, la idea de tener que replantearse sus premisas básicas. Las ideas nuevas sobre problemas no considerados anteriormente son alentadas y aplaudidas, como corresponde al estilo de vida intelectual, y es preciso admitir que esas realizaciones proporcionan crédito y legitimidad a un grupo a menudo visto con desconfianza. Pero las reinterpretaciones radicales de antiguos problemas son otra cosa, porque indirectamente arrojan dudas sobre el valor y la actuación de quienes reclaman el apoyo social a cambio de su devoción a la expansión del conocimiento.

En efecto, en casos particulares, los mandarines intelectuales tienen más interés en mantener el *statu quo* erudito que quienes se dedican a tareas más prácticas, quienes están dispuestos a aceptar en base a la fe nuevos hechos o la reinterpretación de lo que antes se suponía sabido. La sutil diferencia entre los dos tipos de progreso sólo es significativa para los más seriamente afectados. Aceptar la idea de que los más íntimamente metidos en el mundo de las ideas tienen un compromiso indisoluble e incondicional con la verdad, dondequiera que ésta pueda llevarlos, es no captar el mensaje de algunas de las lecciones más profundas de la academia occidental. Cuando se llega a un enfrentamiento entre ciencia y cosmología, sería excesivo idealismo concluir que la primera siempre triunfa sobre la segunda, aun dentro de la inteliguentzia.

Los ejemplos de choque entre ideales e ideas no son raros en la historia del pensamiento occidental. Escenas de la lucha entre el curandero tradicional y el médico, el alquimista y el químico, el astrólogo y el astrónomo, son analogías fáciles de evocar pero no del todo satisfactorias. Esas instancias distorsionan la imagen, porque se refieren a la competencia entre sistemas de pensamiento radicalmente divergentes, antes que a un punto ciego particular en lo que por lo demás es una visión contemporánea de la naturaleza humana, coherente y establecida. Un ejemplo con similitudes más estrechas con el complejo elenco de personajes que representan sus papeles predeterminados en el drama caníbal de esta época lo provee nuevamente la comparación con un fenómeno social del siglo XVI. Los historiadores a menudo nos ayudan más a ver con claridad el presente que los estudiosos de otras disciplinas que afirman tener más derecho a ese privilegio.

El incidente en cuestión es desde luego la manía europea de la hechicería a que ya hemos hecho referencia, que Trevor-Roper describe y analiza. Este autor señala que, en los siglos que ahora consideramos oscuros, puede haber habido un vago folklore sobre hechiceros, pero no una demonología sistematizada. Esa mitología no fue construida y puesta a cumplir su terrible función hasta el siglo XVI, y es sumamente interesante la afirmación del autor de que esa "basura de la mente humana" (1969: 97) que tuvo como resultado la aniquilación de ignorados millares de seres humanos —por, entre otras cosas, acostarse con el diablo, asesinar niños por su carne o grasa, o cabalgar cabras o escobas voladoras— fue un producto de la mente urbana y civilizada. Las ideas dispersas de los ignorantes fueron organizadas en una visión coherente de lo sobrenatural y puestas de moda por papas renacentistas, reformadores protestantes, santos de la Contrarreforma y un ejército de eruditos de lo sagrado y lo profano. Esas fantasías intelectuales, que el autor compara con las ilusiones psicopáticas del manicomio, estaban más allá de la imaginación de los campesinos pero llegaban fácilmente a los intelectos más fértiles de la época. Trevor-Roper advierte que sería un error atribuir toda la culpa de ello a los intelectuales de salón únicamente, pues algunos de los mejores intelectos, reconocidos hasta hoy por su gracia intelectual, se dedicaron al estudio de brujas y demonios con el mayor entusiasmo. Sus formulaciones más esotéricas y abstractas recibieron luego sustancia de los investigadores menores en aquel campo, quienes nunca dejaron de hallar sospechosas manifestaciones circunstanciales de ese mal entre la población de los recesos del continente europeo. Menos responsables aún fueron los legos, que no podían captar los detalles y discusiones más eruditos de los expertos, cavilaciones que sólo podían ser interpretadas por las masas, no sin resistencia y dificultad, como confirmaciones eruditas de sus propios preconceptos menos desarrollados.

Los estudiosos que Trevor-Roper describe como refugiados en "el escepticismo del sentido común" debido a su incapacidad de aceptar la posibilidad de escobas voladoras, demonios encarnados y las admisiones de los ignorantes y los torturados, se ponían en una posición algo peligrosa, y eran denunciados por los defensores de la visión ortodoxa como ignorantes, espiritualmente flojos y potenciales aliados del demonio y sus ayudantes sobre la tierra. Este elaborado mito, que fue aceptado casi en todas partes, eventualmente se derrumbó y se retiró al reino de la superstición de donde había salido; sin embargo esa doctrina gobernó la mente de los hombres, incluyendo a los más esclarecidos, durante dos siglos antes de su desaparición final. Carente de las habituales marcas distintivas de los académicos responsables y la administración civil que precedieron y siguieron a la época de la manía hechiceril, ese período de aberración intelectual, según sugiere Trevor-Roper, sólo puede entenderse en términos del tenor general de la época y más específicamente a la luz del modo como esa mitología servía a los intereses particulares de clérigos, académicos, juristas y gobernantes temporales.

No he recurrido a este rodeo cronológico por creer que ofrezca paralelos exactos del cosmos contemporáneo de caníbales y sus intérpretes, ni tampoco con el objeto de establecer comparaciones innecesariamente degradantes. Sin embargo, concentrándonos momentáneamente en los siglos XVI y XVII permite observar algunas analogías legítimas e instructivas y mostrar cómo temas culturales similares dieron nacimiento a imágenes relacionadas de hechicería europea y canibalismo del Nuevo Mundo. Por razones que ya es imposible comprender plenamente, la mente colectiva de esa época estaba asediada por cristianos herejes, judíos extraños e indios americanos que cometían crímenes indescriptibles relacionados con el uso de la carne y la sangre humanas. El hecho de que tales ideas se basaran en datos indignos de confianza y fueran contrarias al sentido común y la decencia no tuvo la menor importancia. Los frailes dominicos que se enorgullecían de su función y su título como "los perros de Dios" recorrían el mundo en busca de sus inevitables hallazgos. Ahora podrían tener que aceptar una parte importante de la responsabilidad por los equivocados esfuerzos de una era, pero entonces sus opiniones eran aceptadas por todos.

Pasando ahora a una comparación de aquella época con la nuestra, y dejando de lado las consideraciones éticas, encontramos varias semejanzas. Primero, no es difícil apreciar que determinada noción, ya sea la de canibalismo o la de hechicería, puede ser sostenida tanto por legos como por intelectuales, con estos últimos abriendo camino en cuanto a convertir suposiciones vulgares en más elegantes dogmas científicos. Segundo, hay una correlación entre los modos como las eventuales conclusiones han sido utilizadas para servir a los intereses del grupo especializado que las ha propuesto en forma de excesos intelectuales. Finalmente, hay una lección a extraer, que da fe del hecho de que siempre existe la posibilidad, por remota que sea, de que la sabiduría convencional y científica pueda ser una visión errónea del universo.

Además de requerir una breve suspensión de algunas nociones preexistentes, este libro ha pedido al lector que desafíe el ataque de miriadas de hechos etnográficos, escuelas de pensamiento teórico contrastantes, períodos históricos muy alejados y finalmente el laberinto de la mente humana expresándose en varios tiempos y lugares. Esta prueba intelectual fue impuesta por la índole del complejo caníbal, pero es también lo que hace tan intrigante el problema. La argumentación también ha tenido que hacer varias contorsiones a fin de mantenerse cerca del material, creando así la posibilidad de malas interpretaciones, por lo cual expondré nuevamente aquí algunos de los puntos establecidos antes, así como los que no deben tomarse por tales.

Con respecto a la segunda categoría, que en ciertos sentidos es la más importante, he expresado mis reservas sobre el tema, pero he evitado conscientemente sugerir que el canibalismo habitual no exista o no haya existido nunca en alguna forma. Esto no es vacilación intelectual, sino que deriva más bien de una apreciación del problema y del rigor metodológico. La única actitud teórica apropiada para un antropólogo exige una mente abierta a la posibilidad de variaciones culturales, y eso incluye el canibalismo. Según la metodología etnográfica corriente, no es posible demostrar en forma concluyente que una práctica no existe: lo más que se puede aspirar a hacer es informar que la costumbre no se observa o no está documentada. Además, es razonable que la mayor parte de la tarea de aportar pruebas corresponda a quienes afirman la prevalencia de determinada actividad. De aquí se desprende, por lo tanto, que no ha sido posible demostrar que no había canibalismo entre los caribes, los mexicas, los africanos occidentales y los Fore, que hemos examinado con algún detalle. Al mismo tiempo, y esto nos da una comprensión más significativa del problema, ha resultado igualmente difícil demostrar que la misma costumbre no imperaba entre los cristianos, los judíos y los herejes medievales. Para estos grupos, la afirmación corriente de que quizás practicaban el canibalismo pero lo abandonaron de inmediato apenas se les ordenó o de ahí en adelante lo hicieron a escondidas de las autoridades ya no resulta creíble. Aun cuando la costumbre haya existido efectivamente en algunos de los grupos anteriores, eso tampoco explica adecuadamente la ubicua tendencia a calificar a otros de caníbales. Esa visión del mundo es un problema diferente y sólo vagamente relacionado con la cuestión de si los mexicas o los Fore eran realmente caníbales.

Pasando ahora a la contribución más positiva de esta revisión, he afirmado que pese a una amplia investigación de las fuentes básicas más recomendadas y generalmente aceptadas fue imposible aislar una sola descripción completa, digna de confianza y de primera mano de esa forma supuestamente convencional de disponer de los muertos. La legión de informes de no especialistas existente resultó oscilar entre lo muy sospechoso y lo enteramente infundado al ser examinada desde la perspectiva de la erudición objetiva y el sentido común. Los miembros de la fraternidad antropológica que están dispuestos a aceptar sin discusión que la costumbre ha sido exagerada más allá de toda proporción hasta su imagen actual por los legos, no hacen más que retirarse detrás de la transparente afirmación de poseer conocimientos arcanos inaccesibles para los no iniciados. Sin embargo, esa aseveración no es más que una estrategia ideológica académica basada en preceptos igualmente vagos y carentes de fundamentos históricos o etnográficos sólidos.

Estas consideraciones han llevado a la conclusión de que, aun cuando no es posible descartar la posibilidad teórica del canibalismo habitual, la evidencia disponible no autoriza la fácil suposición de que el acto fue o ha sido alguna vez un rasgo cultural prevaleciente. Es más razonable concluir que la idea de la naturaleza caníbal de otros es un mito en el sentido de que, primero, tiene una existencia independiente sin relación alguna con la realidad histórica, y segundo, contiene y transmite mensajes culturales significativos para quienes lo mantienen. Al nivel de la experiencia concreta, esto significa que la idea es anterior a cualquier evidencia presentada en su apoyo y que en algunos casos la posición se mantiene a pesar de evidencias contrarias. A un nivel más profundo la línea de la historia nos instruye, igual que a los miembros de otras culturas, sobre la naturaleza básica de los comportamientos civilizado y salvaje. Por eso he sugerido que la cuestión más intrigante es la que se refiere a la antropofagia y la antropología como visiones del mundo interdependientes. Ambas pueden ser interpretadas como sistemas de pensamiento cerrados, que no reconocen las incoherencias y contradicciones evidentes que son en sí mismas facetas significativas de la construcción mental.

Las explicaciones ofrecidas para dar razón de la creencia en el canibalismo, incluyendo las derivadas de informantes dispuestos, eran obvias y simples, cuando no temas y técnicas básicos de la antropología social cuando lo que se discute son otros temas. Las nociones equivocadas sobre el modo de vida salvaje han caído, una tras otra, ante su ataque, pero el caníbal permanece inviolado, nunca visible y nunca olvidado. En cierto sentido, antropólogos sociales de todas las escuelas han tenido que abstenerse de aplicar sus propias lecciones al estudio de su propia disciplina con el objeto de mantener una cruda oposición cultural entre "nosotros" y "ellos". Como consecuencia, el tono general del comentario antropológico moderno sobre el canibalismo surge como poco más que reinterpretaciones del siglo XIX en jerga científica contemporánea. En el proceso, quienes afirman poseer la imaginación antropológica se han abstenido de traer a colación los elementos modernos que han profundizado nuestra comprensión de modelos culturales relacionados. Reconocidamente, nuestra información sobre otras culturas se ha expandido enormemente en los últimos cien años. Sin embargo, hay una sutil pero crucial diferencia entre conocimiento y comprensión de la que da testimonio esta revisión de la literatura caníbal. En lugar de buscar un significado menos evidente pero más profundo para las afirmaciones de los informantes acerca de canibalismo en el pasado mítico o en la actualidad entre ellos o en un territorio adyacente, los antropólogos han asumido una actitud que un colega que no es occidental de nacimiento ha definido como "etnocentrismo vicario". En el caso del canibalismo de los vecinos, esa posición implica la adopción de la evaluación negativa de una cultura extraña acerca de otra. Esto permite expresar con buena conciencia y en forma legítima las correspondientes tendencias occidentales disfrazadas de etnografía objetiva (Legesse 1973: 276-278). Comprensiblemente, las astucias subjetivas a que tienen oportunidad de recurrir los estudiosos son mucho más sutiles que las que se encuentran normalmente en la literatura pedestre y que ellos se deleitan en denunciar regularmente.

Esta investigación no siempre ha sido totalmente desapasionada en su tono, pero deliberadamente ha dejado de lado los problemas morales y éticos específicos para concentrarse en otros temas. Sin embargo, ha llegado el momento de proponer que si nuestra disciplina tiene alguna responsabilidad ética en este terreno, ésta exige que pongamos nuestra casa en orden reevaluando objetivamente algunas construcciones mentales opresivas antes de preocuparnos solícitamente por dar forma más coherente a concepciones populares erradas. Más allá de eso, la antropología no tiene obligaciones morales especiales fuera del mandato académico de buscar la verdad sin tomar en cuenta las implicaciones que ésta pueda tener para la disciplina. Esto no es poca cosa, pues, como hemos visto, cuando la élite intelectual ha prestado su peso a una cruzada moral la civilización occidental ha hecho algunas de sus peores exhibiciones en los anales históricos. No quiero decir que corresponda a los intelectuales la principal responsabilidad por los excesos políticos de las sociedades a las cuales sirven: entre otras consideraciones, sería ésa una forma de hegemonía colectiva, porque los académicos nunca han poseído el poder efectivo que la idea presupone. Tampoco la contribución antropológica al complejo caníbal puede rivalizar en profundidad o alcance con otras perversiones científicas que han acompañado a algunos estallidos realmente bárbaros del siglo XX. Sin embargo no es posible divorciar enteramente el modo como la noción de canibalismo ha sido manipulada por legos y estudiosos de su utilización para justificar ideológicamente algunas formas muy reales de explotación humana.

Es suficiente con lo dicho sobre este aspecto, pues mi propósito aquí no era enteramente negativo. Por esta razón, en reconocimiento del hecho de que una noción prevaleciente de la antropología social carece del refinamiento teórico y la fundamentación académica normalmente exigidas, he tratado por el lado positivo de explicar esta situación antes que limitarme a denunciarla. Esa línea de indagación ha llevado a la conclusión de que nuestra cultura, como muchas otras, encuentra consuelo en la idea de la existencia de bárbaros poco más allá de sus fronteras. Lo que resulta único es que nuestra sociedad mantiene intérpretes especializados de esa imagen exótica cuya función los condena a una búsqueda interminable de lo primitivo con el objeto de dar sentido al concepto de civilización (cf. Diamond 1976). Esta disciplina también depende en parte de la existencia del salvaje, y por lo tanto del caníbal. Sin antropófagos, los antropólogos se encontrarían en la misma situación que los inquisidores medievales, quienes agotaron rápidamente la existencia de herejes mortales y por lo tanto tuvieron que conjurar a herejes sobrenaturales para que su sabiduría y sus esfuerzos no se volvieran innecesarios. La siguiente cita del historiador Norman Cohn expresa muchos de estos puntos con más elegancia de lo que han podido hacerlo estas páginas, y por lo tanto servirán de conclusión adecuada:

> La idea de una secta de herejes voladores tenía grandes ventajas: permitía explicar asambleas que eran frecuentes y a menudo numerosas, y que sin embargo nadie vio nunca (1975: 228).

Si el mensaje de Cohn es correcto, y es difícil imaginar que no lo sea, esta disertación no podrá modificar inmediatamente nuestra pintoresca representación contemporánea del mal, pero puede servir como principio.

BIBLIOGRAFÍA

Aguilar, Francisco de. 1938: *Historia de la Nueva España,* copiada y revisada por A. Teja Zabre, México, Ediciones Botas.

Alldridge, T. J. 1901: *The Sherbro and Its Hinterland,* Londres, Macmillan.

Alpers, M. P. 1966: "Epidemiological Changes in Kuru", en D. C. Gajdusek (ed.), *Slow Latent and Temperate Virus Infections,* Washington, D. C., H. E. W., pp. 65-82.

——— 1970: "Kuru, Changing Patterns", *American Journal of Tropical Medicine and Hygiene,* núm. 19, pp. 133-137.

——— *et al.* 1975: *Bibliography of Kuru,* 3a. ed., Bethesda, National Institutes of Health.

Alvarado, Pedro de. 1852: (Cartas) *Biblioteca de Autores españoles,* t. I, Madrid.

Anghiera o Anglería, Pedro Mártir de, *v.* Pedro Mártir de Anglería.

Anónimo. 1977: "The Talk of the Town", *The New Yorker,* 3 de marzo, p. 23.

Ardrey, Robert. 1976: *The Hunting Hypothesis,* Nueva York, Atheneum.

Bandelier, Fanny R. 1971: "Fray Bernardino de Sahagún", en Sahagún, *A History of Ancient Mexico,* Detroit, Blaine, Ethridge Books.

Barth, Fredrik. 1975: *Ritual and Knowledge among the Baktaman of New Guinea,* New Haven, Yale University Press.

Beatty, K. J. 1916: *Human Leopards,* Londres, Hugh Rees.

Bergounioux, F. M. 1961: "Notes on the Mentality of Primitive Man", en S. L. Washburn (ed.), *Social Life of Early Man,* Chicago, Aldine Publishing Co., pp. 106-118.

Berndt, R. M. 1952: "A Cargo Movement in the Eastern Central Highlands of New Guinea", *Oceania,* 23: 40-65; 23: 137-158.

——— 1954: "Reaction to Contact in the Eastern Highlands of New Guinea", *Oceania,* 24: 190-228; 24: 255-274.

——— 1958: "A Devastating Disease Syndrome: Kuru Sorcery in the Eastern Highlands of New Guinea", *Sociologue,* 8: 4-28.

——— 1962: *Excess and Restraint.* Chicago, University of Chicago Press.

Berry, R. G. 1912: "The Sierra Leone Cannibals, with Notes on Their History, Religion and Customs", *Proceedings of the Royal Irish Academy,* 10: 15-69.

Blanc, Alberto. 1961: "Some Evidence for the Ideologies of Early Man", en S. L. Washburn (ed.), *Social Life of Early Man,* Chicago, Aldine Publishing Co., pp. 19-136.

Brain, Robert. 1970: "Child Witches", en Mary Douglas (ed.), *Witchcraft, Accusations and Confessions,* Londres, Tavistock Publications, pp. 161-179.

Breuil, H., y Lantier, R. 1965: *The Men of the Old Stone Age,* trad. B. B. Rafter, Nueva York, St. Martin's Press.

Brooks, Van Wyck. 1924: Introd. a Columbus, Christopher, *Journal of the First Voyage to America,* Nueva York, Albert & Charles Boni.

Brothwell, D. R. 1961: "Cannibalism in Early Britain", *Antiquity,* 35, pp. 304-307.

Burnet, F. M. 1971: "Reflections on Kuru", *Human Biology in Oceania,* 1, pp. 3-9.

Buxton, Jean, 1973: *Religion and Healing in Mandari,* Oxford, The Clarendon Press.

Cervin, Herbert. 1963: *Bernal Diaz,* Norman, University of Oklahoma Press.

Clerk, Christian. 1975: "The Cannibal Sign", *RAIN,* 8, pp. 1-3.

Cohn, Norman, 1975: *Europe's Inner Demons,* Londres, Chatto Heinemann for Sussex University.

Collins, John J. 1975: *Anthropology: Culture, Society and Evolution,* Englewood Cliffs, N. J., Prentice-Hall.

Colón, Cristóbal: *Diario del primer viaje y cartas,* v. Navarrete.

Conquistador Anónimo. 1961: *Relación de algunas cosas de la Nueva España y de la gran ciudad de Temeztitan México; escrita por un gentilhombre del señor Fernando Cortés,* México, Porrúa.

Conn, Carleton C. 1963: *The Origin of Races,* Nueva York, Alfred A. Knopf.

Cortés, Hernando. 1962: *Five Letters 1519-1526,* trad. J. B. Morris, Nueva York, W. W. Norton & Co.

——— 1963: *Cartas y documentos,* Introd. de M. Hernández Sánchez-Barba, México, Porrúa.

Crocombe, R. G. y Marjorie Crocombe, 1964: *The Works of Ta' unga,* Honolulu, University of Hawaii Press.

Dart, Raymond A. 1953: "The Predatory Transition from Ape to Man", *International Anthropological and Linguistic Review,* 1, pp. 201-213.

Diamond, Stanley. 1976: *In Search of the Primitive,* New Brunswick, N. J., Transaction Books.

Díaz del Castillo, Bernal. 1960: *Historia verdadera de la conquista de la Nueva España,* México, Porrúa.

Dole, Gertrude. 1962: "Endocannibalism among the Amahuaca Indians", *Transactions of the New York Academy of Science* (Series II), 24, pp. 567-573.

D'Olwer, Luis N., y Cline, Howard F. 1973: "Sahagún and His Works", en H. F. Cline (ed.), *Handbook of Middle American Indians,* vol. 13: *Guide to Ethnohistorical Sources,* pp. 186-189, Austin, University of Texas Press.

Dornstreich, M. D. y Morren, G. E. B. 1974: "Does New Guinea Cannibalism have Nutritional value?", *Human Ecology*, 2, pp. 1-12.

Douglas, Mary. 1970: *Natural Symbols*, Londres, Barrie & Rockliff.

——— 1975: *Implicit Meanings*, Londres, Routledge & Kegan Paul.

Durán, Fray Diego. 1967: *Historia de las Indias de Nueva España e islas de la tierra firme*, ed. de A. M. Garibay K., México, Porrúa.

Eames, Wilberforce. 1922: "Description of a Wood Engraving Illustrating the South American Indians (1505)", *Bulletin of the New York Public Library*, 26, pp. 755-760.

Estrabón. 1939: *The Geography of Strabo*, trad. H. L. Jones, lib. 4, Londres, William Heinemann.

Evans-Pritchard, E. E. 1956: "Cannibalism: A Zande Text", *Africa*, 26, pp. 73-74.

——— 1965: "Zande Cannibalism", en *The Position of Women in Primitive Society and Other Essays in Social Anthropology*, Londres, Faber & Faber, pp. 133-164.

Fallers, Lloyd A. 1969: *Law Without Precedent*, Chicago, University of Chicago Press.

Fischer, Ann y Fischer, L. J. 1960: "Aetiology of Kuru", *The Lancet*, 1, pp 1417-1418.

——— 1961: "Culture and Epidemiology", *Journal of Health and Human Behavior*, 2, pp. 16-25.

——— 1962: "An Anthropological View of Kuru", presentado a la 19a. Reunión Anual de la American Public Health Association, Miami Beach. Mimeo.

Fischer, J. L. *et al.* 1976: "Ponapean Concepts of Incest", *The Journal of the Polynesian Society*, 85, pp. 199-207.

Flinn, Lynn *et al.* 1976: "Additional Evidence for Cannibalism in the Southwest: The case of LA 4528", *American Antiquity*, 41, pp. 308-318.

Frank, Erwin. 1977: comunicación personal.

Freeman, Derek, 1964: "Human Aggression in the Anthropological Perspective", en J. D. Carthy y F. J. Ebling, eds.), *The Natural History of Aggression*, Londres, Academic Press, pp. 109-119. [*Historia natural de la agresión*, México, Siglo XXI, 1966.]

Freud, Sigmund. 1950: *Totem and Taboo*, Nueva York, W. W. Norton & Co.

Fyfe, Christopher. 1962: *A History of Sierra Leone*, Londres, Oxford U. Press.

Gajdusek, D. C. 1963: "Kuru", *Transactions of the Royal Society of Tropical Medicine and Hygiene*, 57, pp. 151-169.

——— 1965: "Kuru in New Guinea and the Origin of the NINDB Study of Slow, Latent, and Temperate Virus Infections of the Nervous System of Man", en D. C. Gajdusek *et al.* (eds.), *Slow,*

Latent, and Temperate Virus Infections, Washington, D. C., HEW, pp. 3-12.

——— 1970: Introducción a "Isolated and Migratory Population Groups", en *American Journal of Tropical Medicine and Hygiene,* 19, pp. 127-129.

——— 1976: *Correspondence on the Discovery and Original Investigations on Kuru,* Bethesda, National Institutes of Health.

——— y Zigas, V. 1957: "Degenerative Disease of the Central Nervous System in New Guinea", *New England Journal of Medicine,* 257, pp. 974-978.

——— 1961: "The Ethnographic Setting of Kuru", *The American Journal of Tropical Medicine and Hygiene,* 10, pp. 80-91.

——— 1977: "Unconventional Viruses and the Origin and Disappearance of Kuru", *Science,* 197, pp. 943-960.

——— 1978: comunicación personal.

——— *et al.* 1966: "Experimental Transmission of a *Kuru*-like Syndrome to Chimpanzees", *Nature,* 204, pp. 257-259.

Garn, S. M. y Block W. D. 1970: "The Limited Nutritional Value of Cannibalism", *American Anthropologist,* 72, p. 106.

George, Katherine. 1968: "The Civilized West Looks at Primitive Africa 1400-1800: A Study in Ethnocentrism", en Ashley Montagu (ed.), *The Concept of the Primitive,* Nueva York, The Free Press, pp. 175-193.

Gibbon, Edward. 1900: *The Decline and Fall of the Roman Empire,* vol. 2, Nueva York, Peter Fenelon, Collier and Son.

Gibbs, C. J. y Gajdusek, D. C. 1974: "Biology of Kuru and Creutzfeld-Jakob Disease", en W. Zerman y E. H. Lennette (eds.), *Slow Virus Diseases,* Baltimore, The Williams and Wilkins Co., pp. 39-48.

Gibson, Charles 1964: *The Aztecs under Spanish Rule,* Stanford, Stanford University Press. [*Los aztecas bajo el dominio español,* México, Siglo XXI, 1967.]

Glasse, R. 1962: "The Spread of Kuru among the Fore", Department of Public Health, Territory of Papua & New Guinea, mimeo.

——— 1963: "Cannibalism in the Kuru Region", Department of Public Health, Territory of Papua & New Guinea, mimeo.

——— 1967: "Cannibalism in the Kuru Region of New Guinea", en *Transactions of the New York Academy of Sciences,* 29, pp. 748-754.

——— 1970: "Some Recent Observations on Kuru", *Oceania,* 10, pp. 210-213.

——— y Lindenbaum, S. 1976: "Kuru at Wanitabe", en R. W. Hornabrook (ed.), *Essays on Kuru,* Faringdon, Berks, E. W. Classey, pp. 28-37.

Gómara, Francisco López de. 1943: *Historia de la conquista de*

México, Introducción y notas de J. Ramírez Cabañas, México, Ed. Pedro Robredo.

Goody, Jack. 1962: *Death, Property and the Ancestors,* Stanford, Stanford University Press.

Gossen, Gary H. 1975: "Animal Souls and Human Destiny in Chamula", *Man* (N.S.), 10, pp. 448-461.

Hallpike, C. R. 1977: *Bloodshed and Vengeance in the Papuan Mountains,* Oxford, The Clarendon Press.

Hanke, Lewis U. 1974: *All Mankind is One,* DeKalb, Northern Illinois University Press.

Harner, Michael. 1977a: "The Ecological Basis for Aztec Sacrifice", en *American Ethnologist,* 4, pp. 117-135.

——— 1977b: "The Enigma of Aztec Sacrifice", *Natural History,* 76, pp. 47-51.

Harrell-Bond, B. E. 1975: "Patterns of Consumption", *The Times Literary Supplement,* 17 de octubre, pp. 1228-1229.

Harris, Marvin. 1977: *Cannibals and Kinks,* Nueva York, Random House.

Hartman, Dean. 1975: "Preliminary Assessment of Mass Burials in the Southwest", *American Journal of Physical Anthropology,* 42, pp. 305-306.

Helmuth, Herman. 1973: "Cannibalism in Paleoanthropology and Ethnology", en Ashley Montagu (ed.), *Man and Aggression,* Nueva York, Oxford University Press, pp. 229-253.

Herodoto. 1879: *A New and Literal Version,* trad. de Henry Cary, Londres, George Bell & Sons.

Hinde, Sidney L. 1897: *The Fall of the Congo Arabs,* Nueva York, Thomas Whittaker.

Hoebel, E. A. 1972: *Anthropology: The Study of Man,* Nueva York, McGraw-Hill Book Co.

Hogg, Garry. 1973: *Cannibalism and Human Sacrifice,* Londres, Pan Books.

Hornabrook, R. W. 1975: "Kuru", en R. W. Hornabrook (ed.), *Topics on Tropical Neurology,* Filadelfia, F. A. Davis, pp. 71-90.

——— y Moir, D. 1970: "Kuru: Epidemiological Trends", *The Lancet,* 2, pp. 1175-1179.

Huxley, Francis. 1957: *Affable Savages,* Nueva York, The Viking Press.

Huxley, Thomas H. 1898: *Man's Place in Nature,* Nueva York, D. Appleton & Co.

Jakob, T. 1972: "The Problem of Head-Hunting and Brain-Eating among Pleistocene Men in Indonesia", *Archaeology and Physical Anthropology in Oceania,* 7, pp. 81-91.

Jenkins, Claude. 1968: "Christian Pilgrimages. A. D. 500-800" en A. P. Newton (ed.), *Travel and Travellers of the Middle Ages,* Nueva York, Barnes & Noble, pp. 39-69.

Johnston, H. 1902: *The Uganda Protectorate,* Londres, Hutchinson and Co.

Joset, Paul-Ernest. 1955: *Les sociétés secrètes des hommes-léopards en Afrique noire,* París, Payot.

Kalous, Milan. 1974: *Cannibals and Tongo Players of Sierra Leone,* Auckland, distribuido por Kegan Paul, Trench, Trubner.

Keen, Benjamin. 1971: *The Aztec Image in Western Thought,* New Brunswick, N. J., Rutgers University Press.

Kisch, Guido. 1949: *The Jews in Medieval Germany,* Chicago, University of Chicago Press.

Knivet, Anthonie. 1906: "The Admirable Adventurers and Storage Fortunes of Master Anthonie Knivet", en Samuel Purchas (ed.), *Hakluytus Posthumus or Purchas His Pilgrimes,* vol. 16, pp. 177-289, Glasgow, James MacLehose and Sons.

Koch, Klaus-Friedrich. 1970a: "Cannibalistic Revenge in Jalé Warfare", en *Natural History,* 49, pp. 41-50.

——— 1970b: "Warfare and Anthropophagy in Jalé Society", *Bijdragen tot de Taal-, Land- en Volkenkunde,* 126, pp. 37-55.

——— 1974: *War and Peace in Jalémó,* Cambridge, Mass., Harvard University Press.

——— 1976: "Cannibalism", en D. E. Hunter y P. Whitten (eds.), *Encyclopaedia of Anthropology,* Nueva York, Harper & Row, p. 66.

Labley, David. 1976: "Incest as Cannibalism: The Yapese Analysis", en *The Journal of the Polynesian Society,* 85, pp. 171-179.

Landor, A. H. S. 1893: *Alone with the Hairy Ainu,* Londres, John Murray.

Landtman, G. 1917: *The Folk Tales of the Kiwai Papuans,* Helsingfors, Acta Societatis Scientiarum Fennicae.

—— 1927: *The Kiwai Papuans of British New Guinea,* Londres, Macmillan & Co.

Las Casas, Bartolomé de. 1951: *Historia de las Indias,* ed. de A. Millares Carlo y estudio preliminar de L. Hanke, 3 vols., México, Fondo de Cultura Económica.

——— 1967: *Apologética historia sumaria,* ed. preparada por E. O'Gorman, 2 vols., México, UNAM.

Leakey, R., y Lewin, R. 1977: *Origins,* Nueva York, E. P. Dutton.

Legesse, Asmarom. 1973: *Gada,* Nueva York, The Free Press.

Leonard, Irving A. 1970: Comentario del traductor a Bernal Díaz del Castillo, *The Discovery and Conquest of Mexico,* Nueva York, Octagon Books.

León-Portilla, Miguel. 1980: *El reverso de la conquista,* México, Joaquín Mortiz.

Léry, Jean de. 1780: *Histoire d'un voyage faict en la terre du Brésil,* vol. 2, París, Alphonse Lemerre.

Lévi-Strauss, Claude. 1963: *Totemism,* trad. de Rodney Needham, Boston, Beacon Press.

——— 1966: "The Culinary Triangle", *Partisan Review,* 33, 586-595.

——— 1969: *The Raw and Cooked,* trad. John y Doreen Weightman, Nueva York, Harper and Row.

——— 1975: "Anthropologie Sociale", *Extrait de l'Annuaire du Collège de France, Resumé des Cours de 1974-1975,* 75, pp. 347-353.

Levy, Robert I. 1973: *Tahitians,* Chicago, University of Chicago Press.

Lindenbaum, S. 1976: "A Wife is the Hand of Man", en Paula Brown y Georg^da Buchbinder (eds.), *Man and Woman in the New Guinea Highlands,* Washington D. C., American Anthropological Association, pp. 54-62.

Lindskog, Birger. 1954: *African Leopard Men,* Upsala, The Swedish Research Council for Social Sciences.

Little, Kenneth. 1967: *The Mende of Sierra Leone,* Londres, Routledge & Kegan Paul.

Livingstone, David. 1874: *The Last Journal of David Livingstone in Central Africa, from 1865 to His Death,* ed. Horace Waller, vol. 2, Londres, John Murray.

Lockhart, John Ingram. 1844: Prefacio del traductor a Bernal Díaz del Castillo, *The Discovery and Conquest of Mexico and New Spain,* Londres, J. Hatchard and Son.

Loeb, E. M. 1964: *The Blood Sacrifice Complex,* Nueva York, Kraus Reprint Co.

Malefijt, A. 1968: "Homo Monstrosus", *Scientific American,* 219, pp. 112-118.

Markham, Clements R. 1964: *Expeditions into the Valley of the Amazons,* Nueva York, Burt Franklain.

Marsh, Richard. 1976: "The 1976 Nobel Prize for Physiology or Medicine", *Science,* 194, pp. 928-929.

Marx, Karl, y Friedrich Engels, *Ireland and the Irish Question,* Moscú, Progress Publishers.

Mead, Margaret. 1950: *Sex and Temperament in Three Primitive Societies,* Nueva York, Mentor Books.

Métraux, A. 1948: "The Tupi Namba", en Julian Steward (ed.), *Handbook of South American Indians,* vol. 3, Nueva York, Cooper Square Press.

Middleton, John. 1970: *The Study of the Lugbara,* Nueva York, Holt, Rinehart y Winston.

Miller, Joseph C. 1976: *Kings and Kinsmen,* Oxford, Clarendon Press.

Montagu, Ashley, 1936: "A Brief Excursion into Cannibalism", *Science,* 86, pp. 56-57.

Montaigne, Michel de. 1952: "Of Cannibals", en *The Essays of Michael Eyquem Montaigne,* trad. y ed. de Charles Colton, Chicago, Encyclopaedia Britannica.

——— 1968: "The Fallacy of the Primitive", en A. Montagu (ed.), *The Concept of the Primitive,* Nueva York, The Free Press, pp. 1-6.

——— 1976: *The Nature of Human Aggression,* Nueva York, Oxford University Press.

Mortillet, G. de. 1886: "Anthropophagie (Paléoethnologie)" en *Dictionnaire des Sciences Anthropologiques,* París, Marpon et Flammarion.

Murdock, George Peter. 1934: *Our Primitive Contemporaries,* Nueva York, The Macmillan Co.

Murray, Margaret A. 1970: *The God of the Witches,* Nueva York, Oxford University Press.

Navarrete, Martín Fernández de. 1825-1829: *Colección de los viajes y descubrimientos que hicieron por mar los españoles,* 3 vols.. Madrid.

Needham, Rodney. 1972: *Belief, Language and Experience,* Chicago, The University of Chicago Press.

——— 1973: "Prospects and Impediments", *The Times Literary Supplement,* 6 de julio, pp. 785-786.

Newson, Linda A. 1976: *Aboriginal and Spanish Colonial Trinidad,* Nueva York, Academic Press.

Ortiz de Montellano, Bernardo. 1978: "Aztec Cannibalism: an Ecological Necessity?", *Science,* 200, pp. 611-617.

Parrinder, Geoffrey. 1963: *Witchcraft: European and African,* Londres, Faber & Faber.

Pearson, R. 1974: *Introduction to Anthropology,* Nueva York, Holt, Rinehart and Winston.

Pedro Mártir de Anglería. 1912: *De Orbe Novo,* trad. de F. A. MacNutt, 2 vols., Nueva York, G. P. Putnam & Sons.

Prescott, W. H. 1909: *The Conquest of Mexico,* 2 vols., Londres, J. M. Dent & Sons.

Price, Barbara J. 1978: "Demystification, Enriddlement, and Aztec Cannibalism: A Materialist Rejoinder to Harner", *American Ethnologist,* 5, pp. 98-115.

Rappaport, Roy. 1968: *Pigs for the Ancestors,* New Haven, Yale University Press.

Rouse, Irving. 1948: "The Carib", en Julian Steward (ed.), *Handbook of South American Indians,* Nueva York, Cooper Square Press, vol. 4, pp. 547-565.

——— 1964: "Prehistory of the West Indies", *Science,* 144, pp. 499-513.

Sagan, Eli. 1974: *Cannibalism,* Nueva York, Harper and Row.

Sahagún, Fray Bernardino de. 1950: *Florentine Codexs General His-*

tory of the Things of New Spain. Book I: *The Gods;* trad. de C. E. Dibble y A. J. O. Anderson, Santa Fe, The School of American Research.

——— 1975: *Historia general de las cosas de Nueva España,* ed. de Ángel Ma. Garibay K., México, Editorial Porrúa.

Sauer, Carl Ortwin, 1966: *The Early Spanish Main,* Berkeley, University of California Press.

——— 1971: *Sixteenth Century North America,* Berkeley, University of California Press.

Schieffelin, Edward L. 1976: *The Sorrow of the Lonely and the Burning of the Dancers,* Nueva York, St. Martin's Press.

Schmeck, Harold M. 1978: "First Worldwide Study of Fatal Virus Diseases Shows it Occurs in Mysterious Clusters", *The New York Times,* 31 de julio, p. A16.

Shankman, Paul. 1969: "Le rôti et le bouilli: Lévi-Strauss' Theory of Cannibalism", *American Anthropologist,* 71, pp. 54-79.

Shapiro, Harry L. 1974: *Peking Man,* Nueva York, Simon & Schuster.

Sheldon, William. 1820: "Brief Account of the Caribs, Who Inhabited the Antilles", en *Transactions and Collections of the American Antiquarian Society* núm. 1, Worcester, Mass., William Manning. pp. 366-433.

Slutsky, Yehuda. 1971: "Blood Libel", en Cecil Roth (ed.), *Encyclopaedia Judaica,* Jerusalem, Keter Publishing House.

Soustelle, Jacques. 1962: *The Daily Life of the Aztecs,* trad. de Patrick O'Brien, Nueva York, The Macmillan Co.

Staden, Hans. 1929: *Hans Staden: The True Story of His Captivity 1557,* trad. de Malcolm Letts, Nueva York, Robert M. McBride & Co.

Stanley, H. Henry M. 1878: *Through the Dark Continent,* Nueva York, Harper and Brothers.

Steadman, Lyle. 1975: "Cannibal Witches among the Hewa", *Oceania,* 46, pp. 114-121.

Strack, Herman L. 1909: *The Jew and Human Sacrifice,* Nueva York, The Block Publishing Co.

Sullivan, Walter. 1976: "Both Laureates Found Major Clues in Studies of Primitive Tribesmen", *The New York Times,* 15 de octubre, p. A13.

Tapia, Andrés de. 1950: "Relación de Andrés de Tapia", en Agustín Yáñez (ed.), *Crónicas de la conquista de México,* 2a. ed., México, UNAM.

Teicher, Morton I. 1960: *Windigo Psychosis,* Seattle, American Ethnological Society.

Thévet, André. 1968: *The New Found World, or Antarctike,* Londres, Thomas Hackett.

Thwaites, Reuben G. (ed.). 1959: *The Jesuit Relations and Allied Documents,* vol. 5, Nueva York, Pageant Book Co.

Tremearne, A. J. N. 1912: *The Tailed Head-Hunters of Nigeria,* Filadelfia, J. B. Lippincott Co.

Trevor-Roper, H. R. 1969: *The European Witch-Craze of the Sixteenth and Seventeenth Centuries and Other Essays,* Nueva York, Harper & Row.

Tuck, James A. 1974: "The Iroquois Confederacy", en E.B.W. Zubrow *et al.* (eds.), *New World Archaeology,* San Francisco, W. H. Freeman & Co., pp. 190-200.

Vaillant, Georges C. 1965: *Aztecs of Mexico,* Baltimore, Penguin Books.

Ward, Herbert. 1890: *Five Years with the Congo Cannibals,* Londres, Chatto & Windus.

Washburn, S. L. 1957: "Australopithecines: The Hunters or the Hunted", en *American Anthropologist,* 59, pp. 612-614.

Weeks, J. H. 1913: *Among Congo Cannibals,* Filadelfia, J. B. Lippincott & Co.

Weidenreich, Franz. 1943: *The Skull of Sinanthropus pekinensis,* Pehpei, Geological Survey of China.

Williams, G. *et al.* 1964: "An Evaluation of the Kuru Genetic Hypothesis", *Journal de Génétique Humaine,* 13, pp. 11-21.

Wilson, Edward O. 1975: *Sociobiology,* Cambridge, Mass., Harvard University Press.

Winter, E. H. 1959: *Beyond the Mountains of the Moon,* Urbana, The University of Illinois Press.

——— 1963: "The Enemy Within", en John Middleton y E. H. Winter (eds.), *Witchcraft and Sorcery in East Africa,* Londres, Routledge & Kegan Paul, pp. 277-299.

Zegwaard, Rev. Gerald A. 1968: "Headhunting Practices of the Asmat of Netherlands New Guinea", en Andrew P. Vayda (ed.), *Peoples and Cultures of the Pacific,* Garden City, N. Y., The Natural History Press, pp. 421-450.

Zigas, V. y Gajdusek, D. C. 1957: "Kuru: Clinical Study of a New Syndrome Resembling Paralysis Agitans in Natives of the Eastern Highlands of Australian New Guinea", en *The Medical Journal of Australia,* 2, pp. 745-754.

——— 1959: "Kuru", *Papua and New Guinea Medical Journal,* 3, pp. 1-24.

el editorial crema de fábrica de papel san juan, s.a.
reso en editorial galache, s.a.
ada del dr. márquez 81 — méxico 7, d.f.
mil ejemplares más sobrantes para reposición
de diciembre de 1981

ANTROPOLOGÍA

ARGUEDAS, J. M. *Dioses y hombres de Huarochirí*
ARGUEDAS, J. M. *Formación de una cultura nacional indoamericana* [2a. ed.]
ARROM, J. J. *Mitología y artes prehispánicas de las Antillas* [2a. ed.]
DUMÉZIL, G. *El destino del guerrero*
DUMÉZIL, G.. *Los dioses de los germanos*
DUVIGNAUD, J. *El lenguaje perdido*
ESTRADA, Á. *Vida de María Sabina, la sabia de los hongos* [3a. ed.]
FIRTH, R. Y OTROS. *Hombre y cultura: la obra de Bronislaw Malinowski* [2a. ed.]
GODELIER, M. *Economía, fetichismo y religión en las sociedades* primitivas [3a. ed.]
HEUSCH, L. DE. *Estructura y praxis: ensayos sobre antropología teórica*
JAULIN, R. *Juegos y juguetes*
LÉVI-STRAUSS, C. *El origen de las maneras de mesa. Mitológicas III* [3a. ed.]
LÉVI-STRAUSS, C. *El hombre desnudo. Mitológicas IV*
LÉVI-STRAUSS, C. *Antropología estructural: Mito/sociedad/humanidades* [2a. ed.]
LÉVI-STRAUSS, C. *El camino de las máscaras*
MEILLASSOUX, C. *Mujeres, graneros y capitales. Economía doméstica y capitalismo* [3a. ed.]
MICHEL, A. (ed. preparada por), *Las mujeres en la sociedad mercantil*
MILLER, E. S. *Los tobas argentinos: armonía y disonancia en una sociedad*
MONOD, J. *Un rico caníbal*
MOSCOVICI, S. *Sociedad contra natura*
PEREIRA DE QUEIROZ, M. I. *Historia y etnología de los movimientos mesiánicos* [2a. ed.]
POZAS, I. H. DE/POZAS, R. *Los indios en las clases sociales de México* [11a. ed.]
QUINTERO, R. *Antropología del petróleo* [4a. ed.]
REICHEL DOLMATOFF, G. *El chamán y el jaguar*

RIBEIRO, D. *El dilema de América Latina* [9a. ed.]
RIBEIRO, D. *Los brasileños: teoría del Brasil* [2a. ed.]
SHARON, D. *El chamán de los cuatro vientos*

SIGLO XXI DE ESPAÑA

BRENAN, G. *Al sur de Granada* [3a. ed.]
DOUGLAS, M. *Pureza y peligro: un análisis de los conceptos de contaminación y tabú*
EVANS-PRITCHARD, E. E. *Las teorías de la religión primitiva* [2a. ed.]
HARRIS, M. *El desarrollo de la teoría antropológica*
HOCART, A. M. *Mito, ritual y costumbres: ensayos heterodoxos*
LEACH, E. *Cultura y comunicación. La lógica de la conexión de los símbolos*
TURNER, V. *La selva de los símbolos*

AMÉRICA NUESTRA

América antigua

AVENI, A. F. Y OTROS. *Astronomía de la América antigua*
BAUDOT, G. *Las letras precolombinas*
CÓDICE BORBÓNICO (edición facsimilar)/DEL PASO Y TRONCOSO, F. *Descripción, historia y exposición* [3a. ed.]
GUAMAN POMA DE AYALA, F. *El primer nueva corónica y buen gobierno* (edición crítica de J. V. MURRA y R. ADORNO)
MURRA, J. *La organización económica del estado inca*
PANÉ, Fray R. *Relación acerca de las antigüedades de los indios* (Nueva versión, con notas, mapa y apéndices por JOSÉ JUAN ARROM) [4a. ed.]
SÉJOURNÉ, L. *El pensamiento náhuatl cifrado por los calendarios*
SIMÉON, R. *Diccionario de la lengua náhuatl o mexicana*
THOMPSON, J. E. S. *Historia y religión de los mayas* [4a. ed.]

América colonizada

BARRET, W. *La hacienda azucarera de los Marqueses del Valle*
BROWSER, F. P. *El esclavo africano en el Perú colonial (1524-1560)*
COOK, S./BORAH, W. *Ensayos sobre historia de la población: México y el Caribe.* Vol. I
COOK, S./BORAH, W. *Ensayos sobre historia de la población: México y el Caribe.* Vol. II
COOK, S./BORAH, W. *Ensayos sobre historia de la población: México y California.* Vol. III
GIBSON, CH. *Los aztecas bajo el dominio español (1519-1810)* [5a. ed.]
HALPERIN-DONGHI, T. *Revolución y guerra. Formación de una élite dirigente en la Argentina criolla* [2a. ed.]
PRICE, R. (comp.) *Sociedades cimarronas*
ROA BASTOS, A. Y OTROS. *Las culturas condenadas* [2a. ed.]

Caminos de liberación

ARICÓ, J. *La formación del socialismo latinoamericano*
CASTRO, F./ROA, R./DORTICÓS, O. *Así se derrotó al imperialismo*. Vol. I
CASTRO, F./PRENDES, Á. *Así se derrotó al imperialismo*. Vol. II
CUMBERLAND, CH. C. *Madero y la Revolución mexicana* [2a. ed.]
OVED, I. *El anarquismo y el movimiento obrero en Argentina*
PORTANTIERO, J. C. *Estudiantes y política en América Latina*
REINA, L. *Las rebeliones campesinas en México, 1819-1906*
SÉJOURNÉ, L. *La mujer cubana en el quehacer de la historia*
TOURON, J. S. DE/DE LA TORRE, N./RODRÍGUEZ, J. C. *Artigas y su revolución agraria, 1811-1820*
VARGAS, J. S. *Diario de un guerrillero de la independencia latinoamericana (1809-1825)* (ed. de G. MENDOZA)
WOMACK, JR., J. *Zapata y la Revolución mexicana* [10a. ed.]

Los hombres y las ideas

GUEVARA, E. *El socialismo y el hombre nuevo* [3a. ed.]
HOSTOS, E. M. DE *La lucha por la libertad* (antología preparada por M. MALDONADO-DENIS)
INGENIEROS, J. *Antimperialismo y nación* (antología y prólogo de O. TERÁN)
MARTÍ, J. *Política de Nuestra América* (Compilación y prólogo de R. FERNÁNDEZ RETAMAR) [2a. ed.]
MARTÍ, J. *Nuevas cartas de Nueva York* [ed. preparada por E. MEJÍA SÁNCHEZ]
MELLA, J. A. *Escritos revolucionarios* (Prólogo de F. GROBART)
ROA, R. *Martínez Villena y la Revolución cubana*
SOLER, R. *Idea y cuestión nacional latinoamericanas*

www.ingramcontent.com/pod-product-compliance
Ingram Content Group UK Ltd.
Pitfield, Milton Keynes, MK11 3LW, UK
UKHW041826200726
13854UKWH00002BA/590